essentials

essentials liefern aktuelles Wissen in konzentrierter Form. Die Essenz dessen, worauf es als „State-of-the-Art" in der gegenwärtigen Fachdiskussion oder in der Praxis ankommt. *essentials* informieren schnell, unkompliziert und verständlich

- als Einführung in ein aktuelles Thema aus Ihrem Fachgebiet
- als Einstieg in ein für Sie noch unbekanntes Themenfeld
- als Einblick, um zum Thema mitreden zu können

Die Bücher in elektronischer und gedruckter Form bringen das Expertenwissen von Springer-Fachautoren kompakt zur Darstellung. Sie sind besonders für die Nutzung als eBook auf Tablet-PCs, eBook-Readern und Smartphones geeignet. *essentials:* Wissensbausteine aus den Wirtschafts-, Sozial- und Geisteswissenschaften, aus Technik und Naturwissenschaften sowie aus Medizin, Psychologie und Gesundheitsberufen. Von renommierten Autoren aller Springer-Verlagsmarken.

Weitere Bände in der Reihe http://www.springer.com/series/13088

Burkhard Wehner

Die politische Logik der Sezession

Zu einem neuen Paradigma der Friedenspolitik

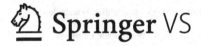

Burkhard Wehner
Horst, Deutschland

ISSN 2197-6708   ISSN 2197-6716   (electronic)
essentials
ISBN 978-3-658-23176-7   ISBN 978-3-658-23177-4   (eBook)
https://doi.org/10.1007/978-3-658-23177-4

Die Deutsche Nationalbibliothek verzeichnet diese Publikation in der Deutschen Nationalbibliografie; detaillierte bibliografische Daten sind im Internet über http://dnb.d-nb.de abrufbar.

Springer VS

Springer VS ist ein Imprint der eingetragenen Gesellschaft Springer Fachmedien Wiesbaden GmbH und ist ein Teil von Springer Nature
Die Anschrift der Gesellschaft ist: Abraham-Lincoln-Str. 46, 65189 Wiesbaden, Germany

Was Sie in diesem *essential* finden können

- Eine Erklärung für das Versagen der Staatengemeinschaft im Umgang mit separatistischen Anliegen.
- Ein neues Paradigma für den Umgang mit Konflikten um Staatsgrenzen und Staatszugehörigkeiten (politische Assoziationsfreiheit).
- Entwurf einer Verfassungsnorm zur politischen Assoziationsfreiheit als Grundrecht.
- Ein alternatives Demokratiekonzept (Neokratie) zur Umsetzung der politischen Assoziationsfreiheit.

Inhaltsverzeichnis

Sezessionsrecht und politische Assoziationsfreiheit – das Grundkonzept

Die Geschichte der Sezessionen ist eine Erfolgsgeschichte. Durch Sezession sind immer wieder leistungs- und wettbewerbsfähige neue Staaten entstanden, die zu einer Bereicherung für die eigenen Bürger, für ihre Weltregion und für die gesamte Staatengemeinschaft wurden. Das gilt für Abspaltungen von Imperien und von Kolonialreichen ebenso wie für Sezessionen im Kleinen. Es gilt, um nur einige Beispiele zu nennen, für Anfang des vorigen Jahrhunderts durch Sezession entstandene Staaten wie Norwegen, Irland und Finnland, für die baltischen Staaten, für Tschechien und die Slowakei und für die meisten Nachfolgestaaten Jugoslawiens. Dass die Sezessionsgeschichte eine Erfolgsgeschichte ist, lässt sich nicht zuletzt daran ablesen, dass Sezessionen im Allgemeinen langfristig Bestand haben.

Eine Erfolgsgeschichte sind Sezessionen aus Sicht der Bürger, aber auf lange Sicht haben zumeist auch die verbleibenden Rumpfstaaten von der Sezession profitiert. Diesen Staaten wurde mit der Sezession eine Last genommen, so sehr sie zuvor auch gegen die Sezession gestritten haben mögen. Kaum ein Staat der Welt dürfte noch ein wohlüberlegtes Interesse an der Rückgewinnung durch Sezession verlorenen Territoriums haben. Je weiter eine Sezession zurückliegt, desto leichter fällt eine solche nüchterne Bewertung.

Trotzdem hat sich an dem Reflex, sezessionistische Ansinnen erst einmal abzuwehren, noch wenig geändert. Wie wenig dies aber mit wohlüberlegtem Eigeninteresse zu erklären ist, lässt sich an vielen Beispielen der jüngeren Geschichte erklären. Was hätte es zum Beispiel Italien und den Italienern geschadet, wenn sie das winzige Südtirol aus ihrem Staatsgebiet entlassen hätten – eine Provinz, die

Dieser Essay resümiert und präzisiert Argumente aus früheren Veröffentlichungen des Autors. S. dazu das Literaturverzeichnis. Zur Theorie des Sezessionsrechts s. auch Wellmann (2005) und Dietrich (2010).

weniger als zwei Prozent des italienischen Territoriums ausmacht und nur etwa ein Prozent der Bevölkerung? Inwiefern würde es China schlechter gehen, wenn es zumindest das aufmüpfige Tibet aufgegeben hätte, in dem nur etwa zwei Promille seiner Bevölkerung leben? Was würde es der Türkei schaden, wenn sie den Kurden eine Sezession zugestände – und damit nach Fläche und Bevölkerungszahl nur um etwa 15 % kleiner würde? Sicher hätte es nach jeder solchen Sezession eine neue Minderheitenproblematik gegeben, aber diese hätte nicht zuletzt durch gründliche Sezessionsverhandlungen entschärft werden können.

In all solchen Fällen wäre die unmittelbarste Wirkung eine Befriedung. Solche Sezessionen würden auch dem sich verkleinernden Staat Frieden bringen und ihn von der Last der Auseinandersetzung mit Separatisten befreien. Zumindest rational ist die Verweigerung solcher Sezessionen insofern nicht begründbar. Zu erklären ist sie u. a. mit unzeitgemäßem Besitzdenken, aber auch mit der Angst, solche Sezessionen nicht geordnet und friedlich abwickeln zu können. Diese Angst wiederum ist eng verbunden mit alten Dogmen wie dem der territorialen Integrität, das u. a. in Artikel 2 Nr. 4 der UN-Charta seinen Niederschlag gefunden hat.[1]

Wie tief die Ängste vor der Veränderung von Staatsgrenzen verwurzelt sind, davon haben Politiker und Medien immer wieder eindrücklich Zeugnis gegeben. Als Beispiel hierfür kann eine Passage aus einem 2014 erschienen Artikel Carl Bildts genommen werden, des vormaligen schwedischen Außenministers, der im Jugoslawien-Konflikt lange für die UNO tätig gewesen war:

> Die meisten Grenzen Europas wurden mit Blut gezogen, im Laufe von Jahrhunderten brutaler Konflikte, ethnischer Säuberungen und Bevölkerungsbewegungen. Diesen abgeschlossenen Prozess wieder zu öffnen hieße, erneutem Blutvergießen Tür und Tor zu öffnen. Daher wurde in den Turbulenzen nach dem Kalten Krieg ein fundamentales Prinzip formuliert: Das Recht auf Unabhängigkeit und Selbstbestimmung wurde anerkannt, alle existierenden Grenzen mussten jedoch respektiert werden. Jede Veränderung bedürfte der Zustimmung.

> Dieses Prinzip wurde … von der EU in der Jugoslawien-Krise … bekräftigt. Wir haben auf der territorialen Integrität Kroatiens bestanden und es abgelehnt, eine Auflösung Bosniens in Erwägung zu ziehen. Die Grenze zwischen nördlichem Kosovo und Südserbien sollte bleiben.[2]

---

[1]Artikel 2 Nr. 4 der UN-Charta: *Alle Mitglieder unterlassen in ihren internationalen Beziehungen jede gegen die territoriale Unversehrtheit oder die politische Unabhängigkeit eines Staates gerichtete oder sonst mit den Zielen der Vereinten Nationen unvereinbare Androhung oder Anwendung von Gewalt.*

[2]Bildt (2014).

Jede Veränderung existierender Staatsgrenzen, so Bildt, bedürfe der Zustimmung anderer. Damit wird in Sachen Staatsgrenzen wie selbstverständlich ein Prinzip der Fremdbestimmung vertreten – und damit die Selbstbestimmung durch die Bürger ausgeschlossen. Wenn dies keine gedankenlose Verweigerung von Selbstbestimmung ist, dann ist es das Eingeständnis von Unfähigkeit. Dann bedeutet es: Wir haben für eine friedliche Selbstbestimmung keine Regeln geschaffen, und wir wissen nicht, wie sie geschaffen werden könnten. Deswegen verordnen wir, die in diesem Konflikt machtausübenden Staaten, die Staatsgrenzen, die wir für richtig halten. Das Selbstbestimmungsrecht der Völker soll zwar gelten, aber nur insoweit, als bestehende Grenzen davon nicht berührt werden. Wenn Staatsgrenzen verändert werden, dann nur in Einzelfällen, die der Zustimmung machtausübender Staaten bedürfen.

Auch für solche Zustimmung fehlte es aber, wie sich auch in den Jugoslawien-Kriegen und ihren Nachwehen gezeigt hat, an anerkannten friedenswahrenden Kriterien. Ein Grund hierfür ist, dass die Prinzipien der Selbstbestimmung und der territorialen Integrität einander widersprechen. Das Selbstbestimmungsrecht kann Veränderungen von Staatsgrenzen verlangen, die nach dem Prinzip der territorialen Integrität verweigert werden. In diesen Widerspruch war auch die Staatengemeinschaft immer wieder verstrickt. Die USA, Großbritannien, Frankreich und Russland und auch die UNO haben sich bei militärischen Interventionen und Sanktionen fast nach Belieben entweder auf das eine oder das andere Prinzip berufen. So unterstützte z. B. Russland die Separatisten in der Ostukraine und auf der Krim mit Berufung auf das Selbstbestimmungsrecht, und westliche Staaten verhängten daraufhin Sanktionen mit Berufung auf die territoriale Integrität. In den Jugoslawien-Kriegen waren die Rollen teilweise umgekehrt verteilt.

Aus diesem Dilemma gibt es nur eine plausible Schlussfolgerung: Die alten Dogmen von territorialer Integrität und Selbstbestimmungsrecht der Völker haben versagt. Sie waren gut gemeint, sie wollten kriegerischen Konflikten vorbeugen, und sie mögen hierzu auch vorübergehend beigetragen haben. Sie haben aber die Welt weder zu ordnen vermocht, noch haben sie sie vor neuen kriegerischen Katastrophen bewahrt. Seit Mitte des vergangenen Jahrhunderts waren sie die Ursache für viele akute und schwelende militante Konflikte, die insgesamt die Dimension eines schleichenden dritten Weltkriegs angenommen haben. In diesen Fragen haben die herrschenden Ideologien also weder moralisch noch politisch brauchbare Orientierung gegeben. Sie haben der Welt inkonsistente Regeln auferlegt und damit de facto in einen Zustand von Regellosigkeit geführt. Hieraus kann nur eine grundlegende konzeptionelle Neuorientierung herausführen.

Worin genau hat das Völkerrecht in dieser Frage versagt? Das Versagen besteht natürlich nicht im Prinzip der Selbstbestimmung. Versagt haben das Völkerrecht und die herrschende Ideologie aber darin, wie diese Selbstbestimmung eingeschränkt wurde. Ein fundamentaler Fehler war es, die Völker zu den Subjekten dieses Selbstbestimmungsrechts zu machen, nicht aber die Bürger. Völker sind fiktive Rechtssubjekte, die nicht präzise und vor allem nicht konfliktfrei abgegrenzt werden können. Ein so definiertes Selbstbestimmungsrecht taugt nicht als politische Handlungsanweisung.

Das Prinzip der territorialen Integrität ist letztlich nichts anderes als eine weitere Einschränkung des Selbstbestimmungsrechts. Seine Botschaft an die Bürger ist: Wenn ihr über eure Staatszugehörigkeit selbst bestimmen wollt, müsst ihr die Zustimmung der Staaten einholen, deren Grenzen ihr verändern wollt. Es war abzusehen, dass eine so radikal eingeschränkte Selbstbestimmung keinen nachhaltigen Frieden stiften würde.

Ein neues Paradigma, das die Dogmen vom Selbstbestimmungsrecht der Völker und der territorialen Integrität ablösen könnte, müsste daher das Selbstbestimmungsrecht in Sachen Staatsgrenzen zunächst einmal von Einschränkungen befreien. Ein solches geläutertes Selbstbestimmungsrecht dürfte nicht mehr Völkern oder sonstigen unbestimmten Rechtssubjekten, es müsste realen Bürgern eingeräumt werden. Den Bürgern selbst müsste also die größtmögliche Entscheidungsfreiheit über Staatszugehörigkeiten und Staatsgrenzen zugesprochen werden. Erst danach sollten hierzu nach und nach einschränkende Präzisierungen entwickelt werden, die aus pragmatischen Gründen erforderlich sein mögen.

Dass das Selbstbestimmungsrecht über Staatsgrenzen und Staatszugehörigkeiten kaum umfassend genug definiert werden kann, ergibt sich schon aus der Ausdauer und Konfliktbereitschaft, mit der Bürger überall auf der Welt auf Einschränkungen dieser Freiheit reagieren. Der oft erbitterte Kampf um dieses Selbstbestimmungsrecht zeigt auch, dass es hierbei um eine der elementarsten staatsbürgerlichen Freiheiten geht und damit um ein Grundrecht. Die Geschichte der hierfür geführten Kämpfe lehrt auch, dass es hierbei um nicht weniger als Menschenwürde geht und damit um ein Mindestmaß an individuellem und kollektivem Glück. Wenn die Unantastbarkeit der Menschenwürde und das Recht auf Streben nach Glück über jeden Zweifel erhabene Grundrechte sind, dann hätte dies demzufolge auch für die Entscheidungsfreiheit darüber zu gelten, wer mit wem in einem gemeinsamen Staat lebt.

Daraus ergibt sich ein klares politisches Fernziel, so utopisch dieses vorerst auch erscheinen mag: Dass dieses Recht Eingang in nationale Verfassungen findet und in der Folge auch in internationales Recht. Dass also Staaten ihren Bürgern verbindlich ein möglichst umfassendes Recht auf Sezession einräumen, und dass im Weiteren auch die Staatengemeinschaft dieses Recht als Grundrecht anerkennt und damit auch Staaten untereinander sich zur Respektierung dieses Rechts verpflichten.

Im weitesten Sinn ist das Sezessionsrecht die **Entscheidungsfreiheit darüber, wer mit wem die Staatszugehörigkeit teilt.** Um hierüber einen universellen Diskurs führen zu können, sollte diesem Recht aber ein eingängigerer Name gegeben werden. Man könnte es z. B. als *Selbstkonstituierungsrecht von Staatsvölkern* bezeichnen, und dies mag auf den ersten Blick sogar treffend erscheinen. Da die Träger dieses Rechts aber nicht Völker, sondern Bürger sein sollen, sollten auch bei der Namensgebung dieses Rechts Begriffe wie Volk oder Nation tunlichst vermieden werden. Im Folgenden wird für dieses Recht daher der etwas weniger präzise, aber auch weniger irreführende Begriff **politische Assoziationsfreiheit** übernommen.[3]

Das Konzept der politischen Assoziationsfreiheit zieht natürlich spontane Einwände auf sich, von denen hier nur einige wenige kurz erörtert werden.[4] Einer der naheliegendsten Einwände lautet, das Konzept würde den größten Absurditäten bei der Veränderung der politischen Landkarte Tür und Tor öffnen und womöglich jedem Grundstückseigentümer das Recht zugestehen, auf seinem eigenen Grundstück einen eigenen Ministaat auszurufen. Politische Assoziationsfreiheit ist aber natürlich nicht in diesem radikalen Sinn zu verstehen. Ein solcher Einwand verweist nur auf Selbstverständliches: dass wie alle anderen Freiheiten auch die politische Assoziationsfreiheit keine absolute sein kann. Auch diese Freiheit hat zumindest insofern Grenzen, als sie mit anderen Grundrechten kollidiert. Grenzen werden dieser Freiheit aber auch durch praktische Hemmnisse gesetzt. So können z. B. sektiererische Kleinstgruppen, die sich von den notwendigen Funktionen eines Staates weltfremde Vorstellungen machen, Sezessionen zwar lautstark ankündigen, aber nicht praktisch umsetzen. Solche Skurrilitäten bedürften daher im Regelwerk der politischen Assoziationsfreiheit keiner besonderen Beachtung. Schon daraus ergibt sich, dass dieses Regelwerk ähnlich überschaubar bleiben könnte wie die einschlägig bestehenden.

Im Übrigen wäre die Welt unter den Bedingungen der politischen Assoziationsfreiheit selbst dann eine viel bessere, wenn sie einzelne Staatsgebilde von skurril erscheinender Form und Größe entstehen ließe. Zudem würde

---

[3]U. a. aus Wehner (2001), S. 89 ff., und Wehner (2006), S. 63.
[4]Zu einer ausführlichen Erörterung von Einwänden s. http://www.reformforum-neopolis. de/files/einwaende_gegen_die_politische_assoziationsfreiheit.pdf. Zugegriffen: 30.06.2018.

ein künftiges Recht der politischen Assoziationsfreiheit natürlich durch Nachbesserungen stetig weiterentwickelt. Daher müsste es nicht von Beginn an dem Anspruch gerecht werden, allen möglichen ungewollten Nebenwirkungen vorzubeugen. Bei einer Rechtsnorm, bei der es um nicht weniger ginge als die Befriedung eines schleichenden Weltkriegs um Staatsgrenzen und ähnlich hochrangige Ziele, sollten Nebenwirkungen solcher Art ohnehin kaum ins Gewicht fallen.

Es spricht daher alles dafür, der politischen Assoziationsfreiheit auch formal den Rang eines Grundrechts zu verleihen. Würde nur versucht, Teile dieser Freiheit bestehendem nationalen und internationalen Recht durch Umdeutungen abzuringen, dann bliebe sie unweigerlich von den Interessen etablierter Institutionen und auch von ideologischen Vorurteilen eingeschränkt. Dann würden weder Freiheit noch Frieden im möglichen Maß geschaffen und würden weiter vermeidbare Gewaltkonflikte um Staatsgrenzen und Staatszugehörigkeiten ausgetragen. Erst wenn die politische Assoziationsfreiheit ein eigenständiges Grundrecht würde, könnte sie nicht mehr beliebig durch Regierungshandeln und laufende Gesetzgebung beschränkt werden. Nur dann wäre auch ihr konkretestes Ziel erreichbar: dass die politische Landkarte jederzeit bestmöglich abbildet, wer mit wem in einem gemeinsamen Staat leben möchte.

Die weiteren Regeln, die für die Realisierung der politischen Assoziationsfreiheit zu schaffen wären, sind überschaubar, aber sie sind auch eine große Herausforderung. Diese Regeln müssten zunächst einmal gewährleisten, dass Änderungen der politischen Landkarte leichter herbeigeführt werden könnten als in der Vergangenheit. Ebenso müssten sie aber auch sicherstellen, dass solche Änderungen hernach schnell und einfach nachgebessert werden können. Auch für solche Nachbesserungen dürften sich die Chancen nicht nur in politischen Ausnahmesituationen auftun.

Man kann kaum unterschätzen, wie fundamental eine formal etablierte politische Assoziationsfreiheit die politische Welt und auch den politischen Diskurs verändern würde. Zunächst einmal wären es nicht mehr Separatisten, die sich für ihr Anliegen rechtfertigen müssten, sondern es wären die Staaten, die eine Sezession verweigern wollen. Diese müssten erklären, inwiefern eine Sezession die Grundrechte anderer verletzen würde, und sie müssten darlegen, dass dies schwerer wöge als die Grundrechtsverletzungen, gegen die Separatisten aufbegehren. Spanien z. B. müsste darlegen, dass und wie in einem künftigen katalonischen oder baskischen Sezessionsgebiet Grundrechte verletzt würden, die Ukraine müsste Gleiches für die Krim und die abtrünnigen Gebiete im Osten des Landes darlegen und die Türkei für die Siedlungsgebiete sezessionswilliger Kurden. Derartige Nachweise dürften allenfalls in Ausnahmefällen zu führen sein. Und selbst wenn sie geführt würden, würde dies nicht über die Sezession selbst, sondern nur über deren zu verhandelnde Bedingungen entscheiden. Die Freiheit der Bürger, auf ihrem Territorium einen unabhängigen Staat zu gründen oder sich einem anderen Staat anzuschließen, bliebe davon unberührt.

Der Kontrast zum bisherigen Umgang mit separatistischen Anliegen könnte kaum größer sein. Bis in die Gegenwart hat sich immer wieder gezeigt, dass Staaten in der Abwehr separatistischer Anliegen in der politischen Zivilisierung weit zurückfallen können, auch in Europa und an seinen Rändern. Das galt in jüngster Zeit u. a. für die Türkei im Kampf gegen kurdische, für Russland im Kampf gegen tschetschenische und für die Ukraine im Kampf gegen russische Separatisten, und selbst Spanien hat sich in der Auseinandersetzung mit katalanischen Separatisten von einer minder zivilisierten Seite gezeigt. Selbst wenn solche zivilisatorischen Rückfälle sich als temporär erweisen, können sie doch für lange Zeit Fortschritten in der politischen Zivilisierung im Weg stehen.

Das politische Ziel kann daher kein anderes sein, als dass das Grundrecht auf politische Assoziationsfreiheit Eingang in formales Recht findet. Wie dies konkret geschehen könnte, wird im Folgenden skizziert. Dabei wird zuerst eine einfache Variante der politischen Assoziationsfreiheit unterstellt, die problemlos im Rahmen bestehender Staatsordnungen praktiziert werden könnte. Nachfolgend wird dann eine erweiterte politische Assoziationsfreiheit dargestellt, die nur in weiterentwickelten Staatsordnungen zu realisieren wäre.

Die politische Assoziationsfreiheit in der Verfassung

Auf den ersten Blick mögen die Konflikte um Staatsgrenzen und Staatszuge-hörigkeiten zu vielfältig erscheinen, um einer einfachen gemeinsamen Rechts-norm unterworfen werden zu können. Hinzu kommt, dass an solchen Konflikten Staaten verschiedenster Entwicklungsstufen und Staatsbürger verschiedenster Bewusstseinsstufen beteiligt sind. Auch das könnte es erschweren, die politische Assoziationsfreiheit als universelle Rechtsnorm zu formulieren.

Ähnliches gilt aber für alle Normen, die den Rang von Grundrechten ein-nehmen. Trotzdem sind bestehende Grundrechte einfach und leicht verständlich formuliert und haben sich in diesen Formulierungen hinreichend bewährt. Not-wendige Präzisierungen konnten nachrangigen gesetzlichen Regelungen und der nachfolgenden Rechtsprechung überlassen bleiben. Dies wäre bei der politischen Assoziationsfreiheit nicht anders.

Als Rechtsnorm würde die politische Assoziationsfreiheit im Kontext nationa-ler Verfassungen anders formuliert werden als in internationalen Verträgen, aber auf solche Unterschiede kommt es an dieser Stelle nicht an. Daher kann das Prin-zip der politischen Assoziationsfreiheit hier in seinem allgemeinsten Sinn z. B. in die folgenden Sätze gefasst werden:

(1) *(Allgemeine politische Assoziationsfreiheit)*
Die Staatszugehörigkeit ist freiwillig.

Bürger können sich frei zu Gemeinschaften mit gemeinsamer Staatszuge-hörigkeit assoziieren. Die Entscheidung hierüber erfolgt in freier, geheimer und direkter Abstimmung.

Diese sehr allgemeine Formulierung weist bewusst über Separatismus und Sezession in ihren bekannten Erscheinungsformen hinaus. Sie erkennt erst ein-mal an, dass Staatszugehörigkeit unfreiwillig sein kann und dass vermeidbare

© Springer Fachmedien Wiesbaden GmbH, ein Teil von Springer Nature 2019
B. Wehner, *Die politische Logik der Sezession,* essentials,
https://doi.org/10.1007/978-3-658-23177-4_2

unfreiwillige Staatszugehörigkeit ein Unrecht ist. Eine Formulierung wie die obige könnte daher Leitsatz eines Grundrechtsartikels zur politischen Assoziationsfreiheit sein.

Im Folgesatz kommt zudem schon zum Ausdruck, dass die politische Assoziationsfreiheit zwar ein individuelles Grundrecht der Bürger ist, dass sie aber in der Praxis nur von Gemeinschaften in Anspruch genommen werden kann. Diesem Leitsatz könnte die folgende Konkretisierung folgen.

(2) *(Allgemeines Sezessionsrecht)*
Bürger können sich insbesondere frei zu einer Gemeinschaft zusammenschließen, die einen unabhängigen neuen Staat gründen oder einem anderen Staat beitreten will.

Mit dieser Formulierung wird ein engerer Bezug zu Separatismus und Sezession in der bekannten Erscheinungsform hergestellt. Dabei wird im Zusammenhang mit dem vorangehenden Artikel schon ein sehr hoher Anspruch an separatistische Bewegungen gestellt. Diese müssten präzise darlegen, wen sie vertreten und für wen sie handeln. Diesem Anspruch sind die wenigsten Separatisten in der Vergangenheit gerecht geworden.

Nach dieser Regel gebildeten Gemeinschaften kann im Weiteren vorgegeben werden, sich in geeigneter Weise territorial abzugrenzen. Dies könnte mit folgender Formulierung geschehen:

(3) *(Abgrenzung des Sezessionsgebiets)*
Die austrittswillige Gemeinschaft konstituiert sich in von ihr bestimmten Gebietsgrenzen in freier, geheimer und direkter Abstimmung mit einfacher Mehrheit.

Hiermit wird Sezessionswilligen aufgegeben, sich zunächst einmal auf die Grenzen des geplanten Sezessionsgebiets zu einigen. Sie würden also nicht unmittelbar über die Sezession eines Gebiets in anderweitig vorgegebenen Grenzen beschließen, z. B. den Grenzen einer bestehenden Provinz. Solchem Beschluss müsste vielmehr ein Klärungsprozess über den Grenzverlauf vorangehen. Dabei wäre natürlich abzuwägen, bei welchem Grenzverlauf eine Mehrheit für die angestrebte Sezession am ehesten gesichert wäre. Erst wenn dieser Abwägungsprozess durch demokratische Abstimmung abgeschlossen ist, würde dann die eigentliche Sezessionsentscheidung getroffen.

Dies könnte nach einer Regel wie der folgenden geschehen:

(4) *(Austrittsentscheid)*
Über den Austritt entscheidet die Gemeinschaft in freier, geheimer und direkter Abstimmung mit einfacher Mehrheit und mit den Stimmen von mindestens 40 % der Wahlberechtigten bei einer Wahlbeteiligung von mindestens 50 %.
Dass für die Austrittsentscheidung eine einfache Mehrheit ausreichen muss, hat einen einfachen Grund. Jegliche qualifizierte Mehrheit wäre willkürlich gewählt. Daher könnte sie in demokratischen Prozessen auf Dauer kaum bestehen.

Eine einfache Mehrheit kann eine solch schwerwiegende Entscheidung allerdings nur bei einer hohen Wahlbeteiligung legitimieren. Läge die Wahlbeteiligung z. B. bei nur 50 % und gäbe es dabei nur eine knappe Mehrheit für eine Sezession, hätte also nur etwa jeder vierte Wahlberechtigte für die Sezession votiert, könnte diese am Ende mehr Unfrieden als Frieden stiften. Da es anderseits unter den Nichtwählern immer auch stille Befürworter gäbe, dürfte mit der Zustimmung von 40 % der Wahlberechtigten bei einfacher Mehrheit eine hinreichende Legitimationsgrundlage geschaffen sein. Bei einer Wahlbeteiligung von 50 % müssten nach dieser Regel mehr als 80 % der Wähler für die Sezession stimmen.

Auch bei Anwendung obiger Regeln wäre noch nicht auszuschließen, dass Sezessionsentscheidungen von vorübergehenden politischen Stimmungslagen geprägt sind. Dem sollte auch im Regelwerk Rechnung getragen werden. Selbst glühende Separatisten können kein Interesse an einer Sezession haben, der schon nach einem kleinen politischen Stimmungsumschwung die Rückabwicklung drohte. Daher läge es im allseitigen Interesse, das Regelwerk durch eine Bestimmung wie die folgende zu ergänzen:

(5) *(Mehrfachabstimmung)*
Der Austrittsentscheid wird mit mindestens zwei aufeinanderfolgenden Abstimmungen in Abständen von nicht weniger als einem Jahr getroffen.
Eine solche Regel stellt sicher, dass im Sezessionsgebiet mindestens ein Jahr lang intensiv über das Für und Wider und natürlich auch über das Wie einer geplanten Sezession diskutiert würde.

Nach obiger Ziffer 3 würde eine austrittswillige Gemeinschaft vor einem Sezessionsentscheid zunächst über die Abgrenzung des Sezessionsgebiets beschließen. Welche herausragende Bedeutung dieser Bestimmung zukäme, wird besonders in Zusammenhang mit der folgenden notwendigen Ergänzung klar:

(6) *(Gegenseitigkeit des Sezessionsrechts, Folgesezessionen)*
Das allgemeine Sezessionsrecht ist nach einer Sezession auch im Sezessions-
gebiet zu gewährleisten. Nach den Regeln dieser Verfassung beschlossene
Sezessionen werden anerkannt, wenn und solange diese Regeln im
Sezessionsgebiet fortgelten.

Durch Fortgeltung des Sezessionsrechts in Sezessionsgebieten würde dafür
gesorgt, dass jede neu geschaffene oder veränderte Staatsgrenze im Nachhinein
durch Bürgerentscheid korrigiert werden könnte. Auf diese Weise könnten jederzeit Teile eines Sezessionsgebiets durch lokalen Bürgerentscheid in den vormaligen Staat zurückgeführt werden.

Diese Freiheit, Sezessionen durch Bürgerentscheid nachzubessern, steht dem
Grundrecht auf primäre Sezessionen in der Bedeutung nicht nach. In der Praxis würde dieses sekundäre Sezessionsrecht allerdings eher selten in Anspruch
genommen. Der Grund hierfür ist, dass die Möglichkeit solcher Folgesezessionen
bei primären Sezessionsentscheidungen immer schon mitbedacht würde. Kein
Bürger und keine Gemeinschaft hätte Interesse an einer Sezession, deren neu
geschaffene Staatsgrenzen nicht auf längere Sicht Bestand hätten. Separatisten
würden daher keine Gebietsteile in das Sezessionsgebiet aufnehmen wollen, in
denen eine lokale Mehrheit die Sezession ablehnt. Daher würden zumeist schon
die primären Sezessionen nachhaltige Staatsgrenzen schaffen.

Ein sekundäres Sezessionsrecht sollte Eingang in Verfassungen und internationales Recht finden, aber es wäre natürlich legitim, wenn Staaten im Einzel-
fall auch Garantien dafür verlangten, dass dieses Recht nach einer Sezession
tatsächlich respektiert würde. Legitim wäre es daher auch, eine Klausel wie die
folgende in das Regelwerk über Sezessionen aufzunehmen:

(7) *(Sicherheitsleistung für Folgesezessionen)*
Die Anerkennung einer Sezession kann an Sicherheitsleistungen für die Fort-
geltung des allgemeinen Sezessionsrechts im Sezessionsgebiet geknüpft werden.

Nach dieser Regel könnte ein Staat, der die Abspaltung eines Sezessionsgebiets hinnehmen soll, sich Sanktionen für den Fall vorbehalten, dass dort die
politische Assoziationsfreiheit später nicht praktiziert wird. Er könnte sich z. B.
Vermögensobjekte verpfänden lassen, oder er könnte zur Auflage machen, dass
auf dem Sezessionsgebiet vorerst keine Streitkräfte stationiert werden. Mit einem
durch Sezession entstehenden neuen Staat könnte er auch vereinbaren, ob, wann
und in welchem Umfang dieser eigene Streitkräfte unterhalten wird. Möglich
wäre auch eine anspruchsvollere Vereinbarung, nach der die bestehenden Streitkräfte auch nach der Sezession für das Sezessionsgebiet zuständig bleiben. Diese

Streitkräfte könnten dann von den Bürgern beider Staaten gemeinsam demokratisch kontrolliert werden.[1] An solchen Regelungen bestünde insbesondere dort Bedarf, wo es aus historischen Gründen an Vertrauen in die künftige politische Regeltreue im Sezessionsgebiet mangelt.

Ergänzt werden sollten die Grundregeln zur politischen Assoziationsfreiheit schließlich noch durch eine Klausel, die diese Freiheit nicht nur für die Staatszugehörigkeit, sondern auch für die Zugehörigkeit zu internationalen und suprastaatlichen Organisationen gelten lässt:

(8) *(Zugehörigkeit zu internationalen Organisationen)*
Über die Mitgliedschaft ihres Staates in internationalen und suprastaatlichen Organisationen entscheiden die Bürger in freier, geheimer und direkter Abstimmung.

Damit würde das direkte Selbstbestimmungsrecht über Staatsgrenzen und Staatszugehörigkeit auch für Institutionen wie die Europäischen Union gelten. Die Bürger von EU-Staaten könnten demnach jederzeit Abstimmungen über den Verbleib ihres Landes in der EU erwirken. Ebenso könnten die Bürger von EU-Anwärterstaaten jederzeit Abstimmungen über einen Beitritt zur EU durchsetzen. Ergänzende Regeln könnten dann z. T. analog zu den obigen konzipiert werden.

Als abschließende Bestimmung wäre schließlich noch hinzuzufügen

(9) Weiteres regelt die Gesetzgebung.
In internationalen Verträgen könnte ein solches Regelwerk schließlich noch analog zum Artikel 2 Nr. 4 der UN-Charta ergänzt werden, der die Mitgliedstaaten zur Respektierung der territorialen Integrität verpflichtet. Analog dazu könnten Staaten durch eine Klausel wie die folgende zur Respektierung der Sezessionsfreiheit verpflichtet werden:

Die Mitgliedstaaten unterlassen auf eigenem und auf fremdem Territorium jede gegen regelkonforme Sezessionen gerichtete Androhung oder Anwendung von Sanktionen und von Gewalt.
Als regelkonform würden dabei natürlich Sezessionen gelten, die den oben skizzierten Regeln Genüge tun.

Mit der Gesamtheit dieser Regeln würde ein obsolet gewordenes Völkerrecht korrigiert, das die Bestandssicherung für Staatsgrenzen über elementare Freiheitsrechte

---

[1]S. hierzu weitere Erläuterungen in Kap. 6.

stellt. Solche Regeln könnten eine Ausgangsbasis für die praktische Umsetzung der politischen Assoziationsfreiheit darstellen. Sie sind hier noch einmal ohne Zwischenkommentare zusammengefasst:

(1) *(Allgemeine politische Assoziationsfreiheit)*
Die Staatszugehörigkeit ist freiwillig.
Bürger können sich frei zu Gemeinschaften mit gemeinsamer Staatszugehörigkeit assoziieren. Die Entscheidung hierüber erfolgt in freier, geheimer und direkter Abstimmung.

(2) *(Allgemeines Sezessionsrecht)*
Bürger können sich insbesondere frei zu einer Gemeinschaft zusammenschließen, die einen unabhängigen neuen Staat gründen oder einem anderen Staat beitreten will.

(3) *(Abgrenzung des Sezessionsgebiets)*
Die austrittswillige Gemeinschaft konstituiert sich in von ihr bestimmten Gebietsgrenzen in freier, geheimer und direkter Abstimmung mit einfacher Mehrheit.

(4) *(Austrittsentscheid)*
Über den Austritt entscheidet die Gemeinschaft in freier, geheimer und direkter Abstimmung mit einfacher Mehrheit und mit den Stimmen von mindestens 40 % der Wahlberechtigten bei einer Wahlbeteiligung von mindestens 50 %.

(5) *(Mehrfachabstimmungen)*
Der Austrittsentscheid wird mit mindestens zwei aufeinanderfolgenden Abstimmungen in Abständen von nicht weniger als einem Jahr getroffen.

(6) *(Gegenseitigkeit des Sezessionsrechts, Folgesezessionen)*
Das allgemeine Sezessionsrecht ist nach einer Sezession auch im Sezessionsgebiet zu gewährleisten. Nach den Regeln dieser Verfassung beschlossene Sezessionen werden anerkannt, wenn und solange diese Regeln im Sezessionsgebiet fortgelten.

(7) *(Sicherheitsleistung für Folgesezessionen)*
Die Anerkennung einer Sezession kann an Sicherheitsleistungen für die Fortgeltung des allgemeinen Sezessionsrechts im Sezessionsgebiet geknüpft werden.

(8) *(Zugehörigkeit zu internationalen Organisationen)*
Über die Mitgliedschaft ihres Staates in internationalen und suprastaatlichen Organisationen entscheiden die Bürger in freier, geheimer und direkter Abstimmung.

(9) Weiteres regelt die Gesetzgebung.

In internationalen Verträgen:

Die Mitgliedstaaten unterlassen auf eigenem und auf fremdem Territorium jede gegen regelkonforme Sezessionen gerichtete Androhung oder Anwendung von Sanktionen und von Gewalt.

Zu den obigen Regeln bedürfte es eines nachrangigen Regelwerks, das umso detaillierter sein sollte, je komplexer die Anwendungsfälle würden. Viele praktische Fragen könnten bei Sezessionen aber ohnehin der vertraglichen Regelung vorbehalten bleiben.

Von Beginn an unabdingbar wäre aber ein für Sezessionsfälle zu schaffendes spezielles Wahlrecht. Darin könnte u. a. geregelt werden, nach welchen Mindestfristen die Grenzen eines Staatsgebiets neu zur Abstimmung gestellt werden können.

Einer Regelung bedürfte auch, wie frei die Grenzen für prospektive Sezessionsgebiete gezogen werden können. Dem Geist der politischen Assoziationsfreiheit entspräche es, hierbei geringstmögliche Einschränkungen aufzuerlegen. Unverhältnismäßig restriktiv wäre es z. B., wenn über Sezessionen nur in den Grenzen von Provinzen oder vergleichbar großen innerstaatlichen Gebietskörperschaften entschieden werden könnte. Plausibel wäre dagegen z. B. eine Regel, nach der die Grenzen für primäre Sezessionen entlang bestehender Gemeindegrenzen zu ziehen wären. Als Ergänzung zum obigen Artikel 3 könnte eine entsprechende Vorschrift daher lauten:

Die Grenzen von Territorien, auf denen über Sezessionen abgestimmt wird, sind bestehende Staats-, Provinz-, Kreis- oder Gemeindegrenzen. Ausnahmen können vertraglich vereinbart werden.

Bürger, die sich zu einem Sezessionsprojekt zusammenschließen wollen, würden dies zumeist innerhalb einer bestehenden politischen Gebietskörperschaft versuchen, aber dabei muss es nicht bleiben. Sie könnten im Weiteren auch neue Grenzen schaffen wollen, die bestehende Gebietskörperschaften, große wie kleine, durchschneiden. Eine Regel, nach der Sezessionen zumindest entlang bestehender Gemeindegrenzen zu erfolgen hätten, dürfte trotzdem eine legitime Einschränkung sein, wenn Ausnahmen hiervon vertraglich vereinbart werden können.

Welche Bedeutung diesen Detailregeln zukäme, lässt sich leicht an Fallbeispielen illustrieren. Käme es beispielsweise zu einer Sezession Kataloniens entlang seiner bestehenden Grenzen, gäbe es danach im Grenzgebiet vermutlich kleine Territorien, deren Bewohner ihre neue Staatsbürgerschaft mehrheitlich als unfreiwillig empfänden. Auch sie würden dann über das *Wer-mit-Wem* in Sachen Staatszugehörigkeit frei entscheiden, sich also wieder dem spanischen Staat anschließen wollen. Einer friedlichen Sezession Kataloniens in seinen bestehenden Grenzen würde daher ein ebenso friedlicher Prozess nachfolgender Grenz-korrekturen folgen.

Ein solches Szenario mag noch befremdlich erscheinen, aber dies ist eine Frage der Gewöhnung. Die Staatenwelt könnte, wenn sie solche Szenarien unbeschränkt zuließe, vordergründig an Stabilität verlieren, aber diese alte Stabilität verschließt immense politische Gestaltungsmöglichkeiten. Im Übrigen würden, wie erwähnt, bei politischer Assoziationsfreiheit auch Separatisten nur solche neuen Grenzen schaffen wollen, die keine oder geringstmögliche Folge-sezessionen nach sich zögen. Aber selbst wenn manche Auswirkungen dieser Freiheit doch auf Dauer etwas befremdlich und störend erschienen, fiele dies kaum ins Gewicht gegenüber den Tragödien, die mit der Verweigerung dieser Freiheit einhergehen.

Eine politische Hochtechnologie? 3

Die Freiwilligkeit der Staatszugehörigkeit ist einfaches Konzept, aber die obigen Regelvorschläge lassen doch erkennen, welche hohen Hindernisse bei der praktischen Umsetzung zu überwinden wären. Noch ist daher kaum vorstellbar, dass Politiker und Parteien realer Staaten sich zu einem solchen Regelwerk bekennen könnten. Umso wichtiger ist es aber, auch die praktischen Fragen der politischen Assoziationsfreiheit frühestmöglich zu erörtern und damit das Vorstellungsvermögen für die Auswirkungen eines solchen Regelwerks zu stärken.

Auf sehr lange Sicht wird sich die politische Assoziationsfreiheit so wenig verweigern lassen wie die Grundrechte bestehender Verfassungen und des Völkerrechts. Wie stark der Drang zu dieser Freiheit ist, zeigt sich in den weltweit anhaltenden Konflikten um unfreiwillige Staatszugehörigkeiten, und es zeigt sich im wachsenden Selbstbewusstsein, mit dem auch in etablierten Demokratien separatistische Ansinnen gestellt werden. Die Widerstände gegen diese Freiheit sind daher letztlich Rückzugsgefechte. Dazu gehören auch gegen Separatisten und ihre Unterstützer eingesetzte Sanktionen, wie sie in jüngster Zeit z. B. gegen Russland als Unterstützer ostukrainischer Separatisten verhängt wurden. Auf sehr lange Sicht kann es nicht anders sein, als dass die politische Assoziationsfreiheit wachsende Anerkennung in der Staatenwelt gewinnt, auch ohne dass sie förmlich proklamiert wäre. Dabei könnten einzelne Staaten beispielgebend vorangehen, indem sie im Umgang mit separatistischen Anliegen sinngemäß der Leitidee der politischen Assoziationsfreiheit folgten.

Eine wichtige Rolle im Bewusstseinswandel zur politischen Assoziationsfreiheit könnten auch informelle Referenden über separatistische Anliegen spielen. Wo Staaten formelle Referenden über sezessionistische Anliegen verweigern, werden sich künftig immer leichter informelle Online-Referenden hierzu abhalten lassen, und diese werden sich in Genauigkeit und Vollständigkeit immer weniger noch von formellen Referenden unterscheiden. Dementsprechend können sie

© Springer Fachmedien Wiesbaden GmbH, ein Teil von Springer Nature 2019   17
B. Wehner, *Die politische Logik der Sezession,* essentials,
https://doi.org/10.1007/978-3-658-23177-4_3

auch immer mehr öffentliche Überzeugungskraft entwickeln. Sie können also zunehmenden Druck ausüben, über separatistische Anliegen ergebnisoffen zu verhandeln. Dies umso mehr, als solche informellen Referenden immer leichter wiederholt und ihre Ergebnisse damit immer müheloser bestätigt werden können. Damit wird sich auch immer leichter schon im Vorfeld der Einwand entkräften lassen, ein separatistisches Anliegen entspringe nur vorübergehendem Missbehagen.

Trotzdem wird ein Regelwerk wie das obige vorerst dem Einwand ausgesetzt bleiben, es sei eine Art politischer Hochtechnologie. Wie bei jeder neuen Technologie liegt daher die Frage ihrer Beherrschbarkeit nahe oder, genauer gesagt, die Frage, wann, wo und von wem diese Technologie beherrscht werden könnte; ob dies womöglich nur – soweit es solche gibt – zivilisatorisch herausragenden Staaten zuzutrauen ist. Diese Frage liegt schon deswegen nahe, weil das Konfliktszenario, aus dem die politische Assoziationsfreiheit herausführen soll, seine Schwerpunkte in zivilisatorisch eher mäßig entwickelten Weltregionen hat. So gesehen würde die politische Assoziationsfreiheit gerade dort, wo es am nötigsten wäre, am wenigsten Frieden stiften.

Richtig daran ist, dass die Praxis der politischen Assoziationsfreiheit aus heutiger Sicht höchste Ansprüche an ihre Akteure stellen würde. Dies würde sich erst ändern, wenn diese Praxis allmählich zur politischen Routine würde. Gerade deswegen aber sollte jede Gelegenheit ergriffen werden, solche Routine zu entwickeln. Es wäre allemal besser, es in Konflikten um Staatsgrenzen und Staatszugehörigkeiten mit politischer Hochtechnologie zu versuchen als, wie in der Vergangenheit, mit militärischer. Und selbst wenn in diesen Konflikten weiterhin Gewalt angedroht oder angewendet würde, wäre es doch ein enormer Fortschritt, wenn dies zur Durchsetzung politischer Assoziationsfreiheit geschähe und nicht zum Schutz willkürlicher Staatsgrenzen.

Neue Gestaltungsspielräume 4

Manchem mag geradezu angst und bange werden bei dem Gedanken an eine Welt, in der einzel- und suprastaatliche Grenzen sich so unmittelbar nach den Bedürfnissen der Bürger richten. Die politische Landkarte, werden manche einwenden, habe sich in den zurückliegenden hundert Jahren zum Teil dramatisch verändert und dieses Maß an Veränderlichkeit sei wahrhaftig genug, zumal die Folgen von noch mehr Veränderlichkeit kaum abschätzbar seien.

Ein solcher Einwand geht aber am Wesen der politischen Assoziationsfreiheit vorbei. Diese zielt keineswegs auf eine zunehmende Häufigkeit von Veränderungen der politischen Landkarte. Diese neue Freiheit könnte zunächst zwar in eine Phase münden, in der lange überfällige Grenzkorrekturen vergleichsweise rasch und häufig nachgeholt werden. Danach aber könnte sich sogar eine lange nicht mehr gekannte Stabilität der politischen Landkarte einstellen.

Die meisten Veränderungen der politischen Landkarte sind in der Vergangenheit in politischen Umbruchphasen erfolgt, insbesondere nach dem – zumeist gewaltsamen – Zusammenbruch von Regimen oder Imperien. Viele neue Staaten und Staatsgrenzen sind bei der Auflösung von Kolonialreichen entstanden, und auch der politische Zusammenbruch der Sowjetunion und ihres Hegemonialbereichs war ein solcher Umbruch. Letzteren konnten u. a. die baltischen Staaten nutzen, um ihre Unabhängigkeit gewaltfrei zurückzugewinnen, und Tschechen und Slowaken, um ihre staatliche Zwangsgemeinschaft aufzulösen. Diese Ereignisse sind aber kein Indiz dafür, dass in der bestehenden Weltordnung schon hinreichender Spielraum für Veränderungen der politischen Landkarte bestünde. In der Welt, wie sie ist, ergeben sich solche Gelegenheiten viel zu selten, und daher sind Bürger und Staaten auch viel zu wenig geübt, diese Gelegenheiten zu nutzen. So mag z. B. der Zusammenbruch der Franco-Diktatur der historische Moment gewesen sein, in dem schnell entschlossene Katalanen ihre Unabhängigkeit eher hätten durchsetzen können als Jahrzehnte später im gefestigten demokratischen

© Springer Fachmedien Wiesbaden GmbH, ein Teil von Springer Nature 2019   19
B. Wehner, *Die politische Logik der Sezession,* essentials,
https://doi.org/10.1007/978-3-658-23177-4_4

Spanien. Es wäre aber zynisch, wollte man Katalanen mit ihrem Sezessions-
anliegen auf künftige Ausnahmesituationen ähnlicher Art warten lassen.
Wenn die Probleme unfreiwilliger Staatszugehörigkeit nur in historischen
Umbruchsituationen lösbar sind, ist dies natürlich ein unheilträchtiger Zustand. In
Zeiten politischer Stabilität mit stabilen Staatsgrenzen können sich dann schwelende aufgeschobene Konflikte bilden, die später umso heftiger und schmerz-
licher ausgetragen werden. Daher sollte über angefochtene Staatsgrenzen und
ungewollte Staatszugehörigkeiten auch und gerade in Zeiten politischer Normali-
tät möglichst offen debattiert werden, um zumindest den Bewusstseinswandel in
diesen Fragen voranzubringen.

Dieser Prozess wird Zeit brauchen. Die politische Assoziationsfreiheit kann
nicht in isolierten Akten nationaler oder internationaler Rechtsetzung oktroyiert
werden. Der hierfür notwendige breite Bewusstseinswandel kann seinen Anfang
nur damit nehmen, dass Organisationen oder Staaten in Einzelfällen sinngemäß
nach den Prinzipien der politischen Assoziationsfreiheit handeln. Jedes von Separatisten erkämpfte oder eigenmächtig durchgeführte Sezessionsreferendum ist ein
solches Ereignis, und eine Häufung solcher Fälle könnte irgendwann den Weg zur
politischen Assoziationsfreiheit in Teilen der Welt unumkehrbar machen.

Die Entwicklung hin zu einem staatenübergreifenden Regime solcher Freiheit
bliebe aber natürlich ein mühevoller Prozess. Wäre diese Freiheit einmal förmlich etabliert, würden danach die Regeln für den Umgang mit Staatsgrenzen und
Staatszugehörigkeiten immer der Weiterentwicklung und Auslegung im Licht
praktischer Erfahrungen bedürfen. Umso früher sollte daher ein breiter Diskurs
über Regelvorschläge wie die obigen geführt werden. Als Ausgangspunkt könnte
dabei die weit gefasste Formulierung genommen werden, die Bürger sollten
über das *Wer-mit-Wem* in Sachen Staatszugehörigkeit selbst bestimmen. Die
Formulierung, die Staatszugehörigkeit sei freiwillig, ist, auf das Sezessionsrecht
angewendet, ähnlich umfassend. Beide Formulierungen sind zugleich konkret
genug, um den Auslegungsspielraum auf Nachgeordnetes zu beschränken. Konkret sind sie auch schon darin, dass es bei der politischen Assoziationsfreiheit
nicht etwa um ein Selbstbestimmungsrecht von Völkern geht, sondern um ein
direkt auszuübendes Selbstbestimmungsrecht von Bürgern.

Für direkte Bürgerentscheide spricht in diesem Zusammenhang auch, dass
es in Fragen der Staatszugehörigkeit fast immer auch um emotionale Anliegen
geht, um ein Empfinden von und Bedürfnis nach politischer Zusammengehörigkeit also, das nicht von politischer Fachkenntnis abhängt. Diese Fragen gehören
daher in der Politik zu den wenigen, bei denen nichts für eine Delegation der Entscheidungen an gewählte Mandatsträger spräche.

Der separatistische Freiheitsdrang wird daher letztlich mit nichts anderem als mit weitestgehender politischer Assoziationsfreiheit, also nur nach Regeln wie den obigen zu befrieden sein. Dies ergibt sich schon aus der Langlebigkeit und Unerschütterlichkeit separatistischer Anliegen. Trotzdem ist immer noch der Glaube verbreitet, separatistischer Freiheitsdrang werde sich doch zunehmend wirksamer mit Bewusstseinsbildung, Appellen an die Vernunft und Diplomatie einhegen lassen. Dieser Glaube stützt sich auch darauf, dass in Teilen der Welt die separatistische Gewaltbereitschaft zurückgegangen ist und separatistische Bewegungen der Gewalt auch förmlich abgeschworen haben. Dies könnte den Anschein wecken, das Machtgefälle zwischen Separatisten und etablierten Staaten habe sich zulasten der Separatisten verschoben.

Dieser Schein trügt aber. Mit informellen Online-Referenden wächst dem separatistischen Freiheitswillen zumindest in etablierten Demokratien ein Machtmittel zu, das ganz und gar ohne Gewalt auskommt. Je identischer informelle Referenden im Ergebnis mit förmlichen Volksentscheiden werden, desto wirksamer werden sie als politisches Druckmittel. Informelle Referenden über Sezessionen werden in einer zunehmend digitalisierten Welt immer leichter und häufiger abgehalten werden können, und sie können dabei auch immer leichter in unterschiedlichen Gebietsgrenzen ausprobiert werden.

Wo Separatisten diese Möglichkeiten nutzten, müssten sie immer weniger noch militant werden, um ihren Forderungen Gewicht zu verleihen. Sie könnten immer schlüssiger dokumentieren, dass die Verweigerung ihrer Anliegen auf einer freiheits- und demokratiefeindlichen paternalistischen Einstellung beruht. Die Zeiten, in denen separatistische Anliegen sich generationenlang von Staates wegen ächten ließen, würden damit ihrem Ende entgegengehen.

Das Phänomen Separatismus würde im Kontext der politischen Assoziationsfreiheit aber nicht nur seine Bedrohlichkeit verlieren, es würde darüber hinaus zu einer bereichernden Herausforderung für die Politik. Die politische Assoziationsfreiheit ist nicht nur ein Konzept, um Konflikte über Staatsgrenzen zu lösen, sondern sie eröffnet viel weiter reichende politische Gestaltungsspielräume. Wo diese Freiheit herrscht, kann sich der Umgang mit Staatsgrenzen zu einer kreativen und verheißungsvollen hohen Staatskunst entwickeln. Eine solche neue Staatskunst wiederum erschließt der Politik auch neue Dimensionen der Sinnstiftung.

Es hätte in der Vergangenheit nicht an Gelegenheiten gefehlt, solche neue Staatskunst zu erproben, hätten dem nicht Verfassungen, Völkerrecht und alte Dogmen im Weg gestanden. Der Fall Katalonien zum Beispiel hätte solche Möglichkeiten zumindest theoretisch geboten. Es wird aber auch in Zukunft nicht an Gelegenheiten mangeln, Präzedenzfälle im Sinne der politischen Assoziationsfreiheit zu schaffen und zu erkunden.

Wider die Starrheit der Staatsordnung 5

Die politische Assoziationsfreiheit ist mit herrschenden Ideologien und Interessen schwer vereinbar, aber ihr steht ein ebenso schwer überwindbares weiteres Hindernis entgegen. Bestehende demokratische Staatsordnungen sind auf diese Freiheit nicht vorbereitet. Dies ist schon wegen der Entstehungsgeschichte demokratischer Staatsordnungen kaum anders zu erwarten. Die Konzepte der gegenwärtigen Staatsordnungen, auch der demokratischen, sind in Zeiten entstanden, als Prinzipien wie die der politischen Assoziationsfreiheit das Vorstellungsvermögen noch weit überstiegen. Schon deswegen können bestehende Staatsordnungen nicht dafür gemacht sein, den Erfordernissen dieser Freiheit gerecht zu werden.

Staaten, die die politische Assoziationsfreiheit anerkennten, täten daher gut daran, ihre Staatsordnung im Hinblick hierauf auf den Prüfstand zu stellen. Sie könnten und sollten sich auferlegen, ihre Verfassung einem institutionalisierten Erneuerungsprozess zu unterwerfen. Zu diesem Zweck könnten sie in ihre Verfassung oder in internationale Verträge eine Maxime aufnehmen, die sinngemäß wie folgt lautet:

Die Organisationsform des Staates ist anzupassen, soweit dies zur Gewährleistung des Grundrechts nach Artikel xxx (politische Assoziationsfreiheit) erforderlich ist.

Allein aus der Logik des Rechts gesehen mag eine solche Maxime unnötig erscheinen, denn in ihrer Eigenschaft als Grundrecht hätte die politische Assoziationsfreiheit ohnehin Vorrang vor den Organisationsnormen der Verfassung. Schon daraus ergäbe sich, dass die Staatsordnung nach den Erfordernissen der politischen Assoziationsfreiheit zu gestalten wäre und nicht umgekehrt. So gesehen könnte man darauf vertrauen, dass notfalls Verfassungsgerichte für die Anpassung der Staatsordnung an die politische Assoziationsfreiheit sorgen würden.

© Springer Fachmedien Wiesbaden GmbH, ein Teil von Springer Nature 2019
B. Wehner, *Die politische Logik der Sezession,* essentials,
https://doi.org/10.1007/978-3-658-23177-4_5

Solches Vertrauen wäre aber wirklichkeitsfremd. Die Vorstellung, dass etablierte demokratische Staatsordnungen Grundrechte verletzen könnten, ist dem Rechtsdenken noch viel zu fremd, als dass sie auf absehbare Zeit Eingang in die Rechtsprechung finden könnte. Umso wichtiger wäre es daher, die obige Maxime möglichst von vornherein mit der politischen Assoziationsfreiheit mitzudenken.

Die erweiterte politische Assoziationsfreiheit im Spartenstaat

6

Es wäre schon ein großer Schritt in der politischen Zivilisierung, wenn einzelne Staaten mit Entscheidungen im Sinne der politischen Assoziationsfreiheit vorangingen. Welche Staaten für eine solche Vorreiterrolle infrage kämen, ist aber noch kaum absehbar. Daher mag es vorerst vollends utopisch erscheinen, sich mit noch anspruchsvolleren Varianten der politischen Assoziationsfreiheit zu befassen als der oben skizzierten.

Andererseits ist es nur ein kleiner Gedankenschritt, der den Zugang zu solchen anspruchsvolleren Varianten eröffnet. Einen ersten Hinweis hierauf gibt schon die oben aufgeworfene Frage, ob ein durch Sezession entstehender neuer Staat in jedem Fall auch sicherheitspolitisch eigenständig sein, sich also unbedingt eigene Streitkräfte schaffen müsste. Zumindest theoretisch wäre auch vorstellbar, dass die bestehenden Streitkräfte auch nach der Sezession im Sezessionsgebiet stationiert blieben.

Dies wirft natürlich Fragen der politischen Legitimation solcher Streitkräfte auf. Welcher Staat würde sich denn, mag man sich fragen, ohne Not von fremden Streitkräften abhängig machen, auf die er keinen politischen Einfluss hätte?

Für dieses Problem gäbe es aber eine einfache Lösung. Die gemeinsamen Streitkräfte könnten unter die gemeinsame demokratische Kontrolle aller Bürger ihres Zuständigkeitsgebiets gestellt werden. Die Bürger des Sezessionsgebiets würden dann an allen Wahlen und Abstimmungen mitwirken, bei denen es um Sicherheitspolitik und damit um die Streitkräfte geht. Dadurch würde ihr neu entstandener Staat zwar sicherheitspolitisch nicht autark. Seine Bürger könnten aber immerhin über die beibehaltenen gemeinsamen – und damit vergleichsweise starken – Streitkräfte politisch mitbestimmen. Die Alternative wäre, über viel schwächere eigene Streitkräfte allein zu bestimmen.

Dies mag auf den ersten Blick einfach klingen, aber die große Frage ist natürlich, ob und wie eine solche demokratische Kontrolle für nur einen Politikbereich

© Springer Fachmedien Wiesbaden GmbH, ein Teil von Springer Nature 2019
B. Wehner, *Die politische Logik der Sezession,* essentials,
https://doi.org/10.1007/978-3-658-23177-4_6

realisiert werden könnte. In bestehenden Staatsordnungen ist ein solcher Fall nicht vorgesehen. Eine solche Zuständigkeitskonstellation erfordert daher ein neues und besonders anspruchsvolles Modell der Staatsorganisation. Erst in der Auseinandersetzung mit einem solchen Modell zeigt sich, welcher immense Gestaltungsspielraum in Fragen der Staatsordnung noch zu erschließen ist.

Das Konzept der politischen Assoziationsfreiheit zielt darauf ab, sezessionistische Anliegen zum Gegenstand friedlicher und regelgeleiteter demokratischer Willensbildung zu machen. Das Regelwerk zu dieser Freiheit, wie es oben skizziert wurde, geht dabei von relativ einfachen separatistischen Motiven aus: Separatisten haben einen Widerwillen gegen ihren Staat, und sie glauben, dass es ihnen als Bürgern eines anderen Staates besser gehen würde. Deswegen wollen sie einen eigenen Staat gründen oder sich einem anderen Staat anschließen.

Dieses Anliegen ist ein Reflex auf empfundene Zumutungen. Es kann aber auch eine trügerisch einfache Reaktion auf ein in Wahrheit sehr komplexes Unbehagen sein. Auch wenn die Bürger im Nachhinein zumeist mit Stolz auf eine erkämpfte Sezession zurückblicken, bedeutet dies nicht, dass es ihnen danach in jeder erdenklichen Hinsicht besser geht. Es schließt zumindest nicht aus, dass sie sich in ihrem neuen Staat nicht doch in manchem schlechter versorgt fühlen als vorher. Wenn sie ihre Sezession im Nachhinein unvoreingenommen bewerteten, würden daher viele Bürger sicher eine gemischte Bilanz ziehen. In den meisten Fällen dürfte das Fazit sein: Nicht alles war früher schlechter, manches hätte bleiben können, wie es war.

Davon ausgenommen sind nur Sezessionen, die als Befreiung von einer alles überschattenden repressiven Gewalt im vorherigen Staat erlebt werden. In solchen extremen Fällen liegt den Bürgern verständlicherweise nichts ferner, als sich über mögliche Schattenseiten ihrer leidvoll erkämpften Sezession Gedanken zu machen. Je abgeklärter aber ihr politisches Bewusstsein, desto differenzierter kann der Vergleich ausfallen. Desto eher sind die Bürger bereit, sich im Nachhinein auch ungewollte Effekte einer Sezession bewusst zu machen.

Im besten Fall würden solche Überlegungen aber natürlich schon im Voraus angestellt. Eine solche Vorausschau könnte Sezessionsvorhaben dann in eine bisher höchst ungewohnte Perspektive rücken. Die Bürger könnten sich dann frühzeitig die Frage stellen, ob über die Sezession in einer komplexen politischen Problemlandschaft noch sinnvoll mit einem einzigen Ja oder Nein entschieden werden kann. Es ginge dann weiter darum, wer mit wem einen gemeinsamen Staat betreiben will, aber dazu würden differenzierte Fragen gestellt. Es würde z. B. gefragt: Was genau sind die Gründe dafür, unsere alte Staatszugehörigkeit nicht mehr zu wollen? Was genau ist es, das wir an unserem jetzigen Staat ablehnen? Inwieweit missachtet er unsere Bedürfnisse? Inwiefern werden wir in diesem Staat schlecht regiert? Aber andererseits: Haben wir als Bürger dieses Staates nicht auch Vorteile? Würden wir etwas verlieren, wenn wir die Zugehörigkeit zu diesem Staat aufgäben. Und was wäre das?

Wer so zu fragen beginnt, für den stellt sich die Frage nach der Sezession schon nicht mehr als einfache Ja/Nein-Frage. Der ahnt zumindest: Die separatistische Frage ist im Grunde ein Bündel von Einzelfragen. Und er wird sich fragen: Sollen diese Einzelfragen wirklich zusammengefasst, soll über die Sezession also wirklich mit einem pauschalen Ja oder Nein entschieden werden? Oder sollten wir versuchen, uns selbst erst einmal mit diesen einzelnen Fragen je für sich zu befassen? Und genau welche Fragen wären es dann? In welche Einzelfragen könnte die Sezessionsfrage aufgespalten werden?

Hierauf gibt es eine naheliegende Antwort. Die separatistische Frage kann nämlich getrennt nach bestehenden politischen Ressorts gestellt werden, Ressorts also wie die Verteidigungspolitik, die Währungspolitik oder die Politik der Umverteilung. Aus solcher Aufgliederung ihres Anliegens würden sich dann für Separatisten z. B. die folgenden Einzelfragen ergeben:

Mit wem wollen wir gemeinsame Streitkräfte unterhalten?
Mit wem einen gemeinsamen Sozialstaat?
Mit wem ein gemeinsames Bildungssystem?
Mit wem einen gemeinsamen staatlichen Kulturbetrieb?
Mit wem eine gemeinsame Währung?
Mit wem ein gemeinsames System der inneren Sicherheit?
Mit wem ein gemeinsames Rechtssystem?
Mit wem gemeinsame Sportpolitik, mit wem gemeinsame Nationalmannschaften, mit wem eine gemeinsame Flagge und eine gemeinsame Nationalhymne?
Mit wem ggf. eine gemeinsame repräsentative Monarchie?
Mit wem ggf. eine gemeinsame Staatsreligion?
Und schließlich auch: mit wem wollen wir gemeinsam welchen suprastaatlichen Organisationen angehören?

Würden diese Fragen den Bürgern einzeln gestellt, dann würden die Antworten hierauf nur in seltenen Fällen alle gleich ausfallen. Das Fazit könnte dann z. B. sein, dass die Befragten zwar unbedingt einen eigenen Staat wollen, aber keine eigenen Streitkräfte und keine eigene Währung. In anderen Fällen könnten sie überlegen, ob sie in ihrem neuen Staat ein eigenes repräsentatives Staatsoberhaupt wollen oder ob sie ggf. ihren bisherigen repräsentativen Monarchen behalten mögen. Oder sie könnten erwägen, ob sie – zumindest vorerst – Institutionen wie Renten- und Krankenversicherungen weiter mit ihrem vorherigen Staat gemeinsam betreiben wollen.

Solche Fragen haben Separatisten sich bisher kaum je gestellt. Dafür gab es natürlich gute Gründe. Denn was wäre zu tun, wenn es tatsächlich nur zu einer oder einigen dieser Fragen ein mehrheitliches Ja gäbe? Theoretisch müsste dann die Sezession für die betreffenden Politikbereiche vollzogen, für die anderen Bereiche müsste sie unterlassen werden. Wie sollte dies aber praktisch umgesetzt werden? Auf den ersten Blick könnte dies so wenig praktikabel erscheinen, wie es theoretisch wünschenswert wäre. Die Schlussfolgerung wäre dann, man brauche sich mit einer solchen Differenzierung des Bürgerwillens nicht ernsthaft zu befassen. Die Erfahrung lege ohnehin nahe, dass es bei Sezessionen meistens doch um eine Loslösung vom Staat als ganzem gehe. Separatistische Anliegen sollten insofern weiter auf die herkömmliche Weise verfolgt werden.

Dieser Weg wäre zunächst der einfachere, aber er wäre – auf lange Sicht zumindest – zu einfach. Er zwängt den Bürgerwillen in ein starres Ja/Nein-Schema, wo ihnen eine Vielfalt politischer Optionen eröffnet werden könnte. In diesem starren Schema könnte z. B. ein ersehntes Sezessionsprojekt nur deswegen scheitern, weil bei einer Mehrheit der Bürger die Vorstellung einer eigenen Währung oder eigener Streitkräfte diffuse Ängste auslöst. Solche Ängste können von Populisten manipulativ gesteigert werden. Sezessionsgegner könnten z. B. Ängste vor der militärischen Schwäche eines künftigen eigenen unabhängigen Staates schüren oder vor der Schwäche dessen künftiger eigener Währung. Hieraus lässt sich schließen, dass die Verengung separatistischer Anliegen auf eine einzige Ja/Nein-Frage nicht den Sezessionswilligen nützt. Sie nützt eher den Staaten, die eine Sezession verweigern wollen. Weil sie dies ahnte, machte die britische Regierung es beim Unabhängigkeitsreferendum der Schotten im Jahr 2014 zur Auflage, dass die Wähler nur ein pauschales Ja oder Nein zur Sezession äußern durften. Das knapp ablehnende Abstimmungsergebnis hat ihr darin Recht gegeben.

Eine solche Auflage ist eine Freiheitseinschränkung. Es ist, genauer gesagt, eine Einschränkung der politischen Assoziationsfreiheit. Es beschränkt diese Freiheit auf den speziellen Fall einer Totalsezession. Wenn die politische Assoziationsfreiheit ausgeschöpft werden soll, müssen sezessionswillige Bürger nicht nur gefragt werden, *ob* sie sich von ihrem Staat lösen wollen, sondern auch, in welchen Politikbereichen sie dies wollen. So könnten sie die Sezession für die Politik als ganze bejahen oder eben nur für einzelne Bereiche.

Wenn die Bürger Letzteres täten, sollte ein solcher Bürgerwille natürlich möglichst problemlos umsetzbar sein. Hierfür bieten bestehende Staatsordnungen aber nicht die notwendigen Voraussetzungen. Um Sezessionen zu ermöglichen, die einem solchen differenzierten Bürgerwillen entsprechen, bedürfte es daher einer grundlegenden Demokratiereform.

Wie eine solche Reform zu gestalten wäre, welche andere Demokratie also die Voraussetzungen für eine erweiterte politische Assoziationsfreiheit bieten würde, kann hier nur sehr kursorisch behandelt werden. Im Folgenden werden aber grundlegende Merkmale einer solchen Demokratie insoweit skizziert, als es für eine Auseinandersetzung mit der erweiterten politischen Assoziationsfreiheit notwendig scheint.

Die mehrschichtige politische Landkarte

7

Die Art der Demokratie, die eine erweiterte politische Assoziationsfreiheit ermöglichen würde, wurde in diesem und anderen Zusammenhängen als **Neokratie** bezeichnet.[1] Diese Staatsform wurde nicht nur im Hinblick auf die politische Assoziationsfreiheit konzipiert, sie lässt sich auch auf vielerlei andere Weise begründen. Im vorliegenden Zusammenhang erschließt sich ihr Wesen aber am einfachsten aus den Auswirkungen auf die politische Landkarte.

In einer neokratischen Staatenwelt gäbe es für verschiedene Politikbereiche je eigene politische Landkarten. Dies wäre möglich, weil für einzelne Politikbereiche eigenständige sogenannte Staatssparten eingerichtet würden. Diese Staatssparten würden je für sich die wichtigsten Merkmale eigenständiger Staaten aufweisen, insbesondere eine eigene Legislative und Exekutive. Solche institutionelle Autonomie würde die Voraussetzungen dafür schaffen, dass Staatssparten je eigene, verschieden abgegrenzte Staatsgebiete haben können. So könnte z. B. das Staatsgebiet der Währungssparte ein anderes sein als das der Verteidigungssparte oder des Solidarstaats. Auf diese Weise können sich für verschiedene Politikbereiche verschiedene politische Landkarten herausbilden. Daraus ergäbe sich insgesamt ein mehrschichtiges politisches Landkartengebilde.

Bei einer solchen Aufteilung des Staates in autonome Sparten gäbe es keinen allzuständigen Gesamtstaat mehr. Es gäbe damit auch keine Parteien, Parlamente, Staats- und Regierungschefs mehr, die für alle Politikbereiche zugleich zuständig wären. Vom vormaligen politisch allzuständigen Gesamtstaat bliebe nur noch eine

---

[1]In diversen früheren Publikationen des Autors. S. insbesondere Wehner (2006).

© Springer Fachmedien Wiesbaden GmbH, ein Teil von Springer Nature 2019
B. Wehner, *Die politische Logik der Sezession*, essentials,
https://doi.org/10.1007/978-3-658-23177-4_7

übergeordnete Instanz, die die Voraussetzungen für die notwendige Koordination unter den Staatssparten schaffen würde.

Dieses Spartenmodell des Staates würde eine erweiterte politische Assoziationsfreiheit ermöglichen, aber dies wäre nicht einmal ihr vorrangiger Zweck. Das alte Modell des allzuständigen Staates ist auch aus einem anderen Grund längst nicht mehr zeitgemäß. Politische Akteure, die für die Politik als ganze zuständig sein wollen, sind in einer immer komplizierter werdenden politischen Welt zunehmend überfordert. Dieser Überforderungsbefund ist naheliegend, aber zu einem beherrschenden Thema ist er bisher dennoch nicht geworden. Noch gelingt es allzuständigen Politikern dafür zu gut, ihre Überforderung vor sich selbst und der Öffentlichkeit zu verbergen.

Dieser Kunst sind aber natürliche Grenzen gesetzt, und daher überrascht es nicht, wenn der herkömmliche, auf Allzuständigkeit gegründete Politikbetrieb doch ein zunehmendes Unbehagen erzeugt. Eines der vielen Anzeichen hierfür ist die Auflösung einstmals fest gefügter Parteienlandschaften. Wo Bürgern der Glaube abhandenkommt, dass allzuständige Parteien und Politiker ihren Aufgaben noch in Gänze gewachsen sind, wird das Wahlverhalten erratischer. Die Wähler wenden sich von alten Parteien, Leitfiguren und Leitideen ab, aber sie sind zunehmend orientierungslos bei der Suche nach Alternativen.

Charismatischen Demagogen und neuen Parteien gelingt es dennoch immer wieder, dieses Unbehagen zu überspielen und bei Teilen der Wählerschaft Illusionen von allzuständiger Kompetenz zu bewahren. Dies ist aber kein Indiz dafür, dass das alte Modell allzuständiger Politik doch auf Dauer überlebensfähig wäre. Solche Illusionen entspringen nur dem nostalgischen Bedürfnis, sich die Politik wieder so einfach zu denken, wie sie in früheren Zeiten erschienen und in noch früheren Zeiten sogar gewesen war.

Aus der Überforderung durch politische Allzuständigkeit gibt es letztlich nur einen Ausweg, der von Dauer sein könnte: Die Aufgabenbereiche von Politikern, Parteien und Parlamenten müssen auf Teilbereiche der Politik beschränkt werden. Politiker, Parteien und Parlamente müssten sich also konsequent spezialisieren. Ihre Zuständigkeitsbereiche müssten so zugeschnitten sein, dass alle darin Tätigen zumindest mit hoher Wahrscheinlichkeit eine den wachsenden Anforderungen genügende Entscheidungskompetenz erlangen könnten.

Die genau hierauf, auf den Abbau politischer Überforderungen also, zugeschnittene Staatsordnung ist der sogenannte **neokratische Spartenstaat**. In dieser Staatsordnung wären einzelne Politikbereiche je eigenständig institutionalisiert, und Parteien und Politiker dürften nur in je einer Staatssparte, also einem

Politikbereich, tätig sein.[2] Diese Beschränkung auf einzelne Politikbereiche wäre der Schlüssel zum Abbau der Überforderungen.

Wären Staatssparten in solcher Weise autonom, könnten sie auch ihre Staatsgebiete autonom nach je eigenen Kriterien abgrenzen und verändern. Auf diese Weise könnten für verschiedene Politikbereiche verschiedene politische Landkarten entstehen. Insgesamt entstünde also eine mehrschichtige politische Landkarte, die sich auf jeder Ebene eigenständig verändern könnte.

Die Vorstellung einer mehrschichtigen politischen Landkarte ist noch kaum geläufig, aber hierzu eröffnen sich doch schon intuitive Zugänge. Ein hilfreiches Anschauungsbeispiel hierfür sind die 16 sogenannten Commonwealth Realms, jene z.Zt. 16 selbstständigen Staaten, die sich in der britischen Königin ein gemeinsames Staatsoberhaupt teilen. Eine Landkarte der Zuständigkeitsgebiete von Staatsoberhäuptern würde die Territorien dieser 16 ansonsten selbstständigen Staaten als zusammengehöriges Gebiet ausweisen. Auf dieser Ebene wäre daher die Anzahl der Staaten geringer als auf anderen Ebenen.

Es gibt aber auch Anschauungsbeispiele für umgekehrte Effekte, und dazu gehört die Landkarte der sogenannten Fußballnationen. Auf dem Staatsgebiet des Vereinigten Königreichs gibt es mit England, Schottland, Wales, Nordirland und Gibraltar fünf Fußballnationen mit je eigenen Sportverbänden und Nationalmannschaften. Die Anzahl aller Fußballnationen ist daher größer als die Anzahl der regulären Staaten auf der politischen Landkarte.

Das bedeutet natürlich nicht, dass es im Vereinigten Königreich schon neokratische Strukturen gäbe, aber es gibt zumindest Ansätze, die gedanklich in diese Richtung weisen. Um erste neokratische Strukturen zu vollenden, brauchten nämlich die Fußballverbände von England, Schottland, Wales, Nordirland und Gibraltar sich nur politisch eigenständig zu organisieren. Dort könnten dann je eigene „Fußballparlamente" eingerichtet werden, deren Abgeordnete direkt von den Bürgern gewählt werden könnten. Diese Parlamente könnten dann auch eigenständige Abgaben erheben, mit denen sie sich selbst und ihre Nationalmannschaften finanzieren. Auf diese Weise bekämen England, Schottland, Wales, Nordirland und Gibraltar einen je eigenen veritablen Fußballstaat in Form einer neokratischen Staatssparte. Dieses Beispiel zeigt, dass das neokratische Staatsmodell, so fremdartig es zunächst erscheinen mag, in der Tat nur einen kleinen Gedankenschritt von bestehenden Verhältnissen entfernt ist.

---

[2]Zu möglichen Übergangslösungen s. auch www.reformforum-neopolis.de/files/abgeordnetenspezialisierung.pdf. Zugegriffen: 30.06.2018.

Ein weiteres Anschauungsbeispiel dafür, dass die politische Landkarte nicht für alle Politikbereiche gleich sein muss, ist die Währungspolitik. Noch sind die Staatsgebiete der meisten Staaten zugleich Währungsgebiete, aber das Beispiel Eurozone zeigt, in welchem Ausmaß Abweichungen hiervon möglich sind. Auch die Eurozone ist zwar nicht als eigenständige Staatssparte im neokratischen Sinn organisiert, aber sie ist davon konzeptionell nicht sehr weit entfernt. Auch für die Eurozone wäre eine Organisationsform denkbar, die ihr die politische und fiskalische Autonomie einer neokratischen Staatssparte verschaffen würde. Diese ihre Autonomie würde dann auch die Entscheidungshoheit über ihre territorialen Grenzen einschließen.

Dies legt natürlich die Frage nahe, in welchen anderen Politikbereichen Vergleichbares geschehen könnte. Wenn Bürger sich über anderweitige Staatsgrenzen hinweg selbstbestimmt eine gemeinsame Währung teilten, könnten sie sich irgendwann auch fragen, in welchen erweiterten Grenzen sie gemeinsame Streitkräfte unterhalten wollen. Auch ein Gebiet gemeinsamer Landesverteidigung könnte dann nach eigenständigen Kriterien abgegrenzt werden und dabei weit über die Grenzen anderer Staatssparten hinausreichen.

All diese Beispiele zeigen zunächst einmal, dass die politische Landkarte vielschichtiger und damit auch weit formbarer sein könnte, als die bestehende Staatenwelt es vermuten lässt. Dem Separatismus der Zukunft eröffnet dies unabsehbare Gestaltungsmöglichkeiten. Separatisten werden sich irgendwann nicht mehr nur fragen, ob und mit welchem Gebiet sie sich von ihrem bisherigen Staat trennen wollen. Sie werden sich auch fragen, für welche staatlichen Zuständigkeitsbereiche dies gelten soll. Sie werden also sorgsam abwägen müssen, für welche Bereiche sie die politische Assoziationsfreiheit in Anspruch nehmen wollen und für welche nicht.

Dies gilt für Sezessionen, aber es würde natürlich ebenso für eventuelle Zusammenschlüsse von Staatsgebieten gelten. Auch im Hinblick auf solche Ereignisse ist es wichtig, die erweiterte politische Assoziationsfreiheit möglichst umfassend zu definieren. Im weitesten Sinne ist diese Freiheit eine Entscheidungsfreiheit nicht über ein bloßes *Wer-mit-Wem?*, sondern über ein **Wer-*(tut–)*Was-mit-Wem?** Nicht nur darüber also, wer mit wem einen gemeinsamen Staat betreibt, sondern darüber, wer dies mit wem in welchem Politikbereich tut. So gesehen ist die erweiterte politische Assoziationsfreiheit ein Bündel spartenspezifischer Einzelfreiheiten.

Auch die Umsetzung dieser Freiheit in die politische Praxis lässt sich auf eine vergleichsweise einfache Formel bringen. Bürger können diese Freiheit wahrnehmen, wenn sie sich spartenspezifische Fragen wie die oben erwähnten stellten, Fragen also wie: *Mit wem wollen wir gemeinsame Streitkräfte betreiben,*

*mit wem eine gemeinsame Währung, mit wem gemeinsame solidarische Umver-
teilung?* Wo die Abstimmungen hierüber unterschiedliche Ergebnisse ergäben,
brächten die Bürger damit zum Ausdruck, dass sie sich für diese Politiksparten
keine deckungsgleichen Staatsgrenzen wünschen. Dort entstünden dann für verschiedene Politikbereiche je eigene politische Landkarten, die je für sich nach
den obigen Regeln verändert werden könnten.

Diese große neue Freiheit hätte tief greifende Auswirkungen auf das politische Bewusstsein aller Bürger, aber besonders betroffen wären Separatisten.
Wenn diese sich mit der ganzen Breite der Optionen auseinandersetzten, die die
politische Assoziationsfreiheit eröffnet, würde damit dem oft populistischen und
radikalen Separatismus herkömmlicher Art der Boden weitgehend entzogen.
Die anspruchsvollen Fragestellungen, die sich aus der erweiterten politischen
Assoziationsfreiheit ergäben, könnte Separatisten sogar eine gewisse Demut vor
ihrer selbstgestellten Aufgabe empfinden lassen.

Eine neue Staatsform

Um die politische Assoziationsfreiheit in ihrer einfachsten Form zu realisieren, bedarf es im Grunde nur des politischen Willens. Prinzipiell wäre dies auch in der bestehenden Staatsordnung möglich. Es wäre zwar hilfreich, wenn Grundregeln dieser Freiheit in Verfassungen und internationalen Abkommen festgeschrieben wären, aber unerlässlich wäre auch dies nicht.

Anders wäre es, wenn politische Assoziationsfreiheit in ihrer erweiterten Form praktiziert werden sollte. Hierfür müssten einzelne Staatssparten – z. B. die Verteidigungs- und die Währungssparte – im Bürgerauftrag eigenständig über ihre Staatsgrenzen verhandeln und entscheiden können. Sie müssten daher nicht nur in politischen Entscheidungen autonom sein, sondern auch in der demokratischen Willensbildung. Dies wiederum erfordert, dass sie eigene Spartenparlamente haben, die in besonderen Wahlverfahren separat gewählt werden, und dass sie Referenden in ihrem Zuständigkeitsbereich autonom abhalten können.[1] Um politisch weitestgehend autonom zu sein, müssten solche Staatssparten darüber hinaus eigene Steuereinnahmen generieren können. Sie bedürften also einer eigenen begrenzten Steuerhoheit.

Nur in einem solchen institutionellen Rahmen könnten Staatssparten den Bürgerwillen zum *Wer-Was-mit-Wem,* zur Abgrenzung also von staatlichen Verteidigungs-, Währungs- und sonstigen Gemeinschaften, eigenständig feststellen und umsetzen. Nur dann gäbe es eine mehrschichtige politische Landkarte, deren Ebenen unabhängig voneinander gestaltbar wären.

Dass ein solches Staatswesen sich von allen bestehenden Demokratien fundamental unterscheiden würde, wird klar, auch ohne auf dessen organisatorische

---

[1]Zu den besonderen Wahlverfahren s. den Verfassungsentwurf in http://www.neokratieverfassung.de/ Zugegriffen: 30.06.2018.

© Springer Fachmedien Wiesbaden GmbH, ein Teil von Springer Nature 2019
B. Wehner, *Die politische Logik der Sezession,* essentials,
https://doi.org/10.1007/978-3-658-23177-4_8

Details einzugehen. Von Staaten, wie sie sind, lassen sich keine eigenständigen Funktionsbereiche herauslösen und geografisch eigenständig abgrenzen. In der bestehenden Demokratie können die Bürger nur Einfluss darauf nehmen, in welchen Bereichen ihr Staat welche Kooperationen mit anderen Staaten eingeht, und dies können sie nur sehr indirekt in Wahlen tun, in denen es um die Politik als ganze geht. Diese Einflussmöglichkeiten bleiben weit hinter den Ansprüchen einer erweiterten politischen Assoziationsfreiheit zurück.

Trotzdem ist die Frage berechtigt, ob die Verheißungen einer solchen neuen Freiheit es rechtfertigen, die bestehende Demokratie infrage zu stellen; ob nicht doch eher die politische Assoziationsfreiheit den Möglichkeiten der herkömmlichen Demokratie angepasst werden sollte als umgekehrt; ob man sich womöglich doch ganz auf die einfache politische Assoziationsfreiheit beschränken sollte, um sich einen Umbau der Staatsordnung zu ersparen.

Es gibt in der Tat kaum eine politische Frage, die einer sorgfältigeren Abwägung bedürfte. Von entscheidender Bedeutung ist hierbei der zeitliche Betrachtungshorizont. Je enger dieser Horizont ist, desto gewichtiger erscheinen die Risiken eines Übergangs zur erweiterten politischen Assoziationsfreiheit. Je weiter aber der Betrachtungshorizont, desto weniger fallen die vermuteten Umstellungsprobleme ins Gewicht. Desto gewichtiger werden die langfristigen friedensstiftenden, freiheitsstiftenden und sinnstiftenden Wirkungen. Um für die erweiterte politische Assoziationsfreiheit vorbehaltlos Partei zu ergreifen, muss man daher nur den Betrachtungshorizont an deren Wirkungshorizont anpassen. Dieser bemisst sich nicht nach Jahrzehnten oder Generationen, sondern er ist zeitlich unbegrenzt.

Die erweiterte politische Assoziationsfreiheit wäre für den politischen Diskurs noch wenig relevant, wenn eine hierzu passende Staatsordnung nicht wenigstens in Ansätzen vorstellbar wäre. Mit dem *neokratischen Spartenstaat* (auch *mehrspurige Demokratie* genannt[2]) liegt aber ein Ordnungskonzept vor, das exakt auf die Erfordernisse dieser Freiheit zugeschnitten ist. Das herausragende Merkmal dieser Staatsform ist genau jene Eigenständigkeit von Staatssparten, die für einzelne Politikbereiche je eigene Staatsgrenzen möglich macht. Daher sollte über die erweiterte politische Assoziationsfreiheit letztlich im Licht des Gestaltungspotenzials dieser Staatsform geurteilt werden.

Das Konzept des neokratischen Spartenstaats steht aber, wie erwähnt, nicht in erster Linie im Dienst der politischen Assoziationsfreiheit, sondern sein vorrangiger

---

[2]Zuerst in Wehner (1991). Zum Zusammenhang zwischen dieser Staatsform und der politischen Assoziationsfreiheit s. auch Wehner (1992). Weiteres auch unter http://www.reformforum-neopolis.de/reformforum/demokratie/-staatsgrenzen.html. Zugegriffen: 30.06.2018.

Zweck ist die Überwindung der Leistungsschwäche der Demokratie. Ein Übergang zum neokratischen Spartenstaat würde daher nicht nur mehr Frieden, mehr Freiheit und neue politische Sinnstiftung schaffen, sondern er würde das fachliche Kompetenzniveau in allen Politikbereichen steigern. Würde die Demokratie für die Zwecke der politischen Assoziationsfreiheit reformiert, ergäbe sich daher als Zusatznutzen eine ungeahnte Steigerung der politischen Leistungsfähigkeit.

Bei näherer Betrachtung zeigt sich, dass es beim Konzept des neokratischen Spartenstaats nicht um ein Staatsmodell bzw. eine Staatsordnung im herkömmlichen Sinn geht, sondern um eine ganze Kategorie von Staatsordnungen. Aus wie vielen Sparten ein solches Staatswesen besteht, wie die Aufgabenbereiche der Sparten voneinander abgegrenzt sind und wie weit ihre politische Autonomie geht, ist in diesem Konzept nicht vorgegeben. Dementsprechend unausschöpflich ist der Gestaltungsspielraum neokratischer Staatsordnungen. Die Zuständigkeitsbereiche eigenständiger Staatssparten ließen sich nach diesem Konzept auf vielfältigste Weise abgrenzen und kombinieren und in einem offenen historischen Prozess permanent weiterentwickeln.[3]

Verbunden wäre damit auch eine immerwährende Weiterentwicklung der Verfassung. Daraus wiederum würden sich bisher beispiellose Anforderungen an die Verfassungsgebung ergeben. Es bedürfte einer Verfassungsgebung gänzlich neuer Qualität, und dies nicht nur für einen einmaligen Reformvorgang, sondern auf Dauer. Auch diesen Anforderungen wären Verfassungsorgane herkömmlicher Demokratien schwerlich gewachsen. Daher gehört zum Konzept des neokratischen Spartenstaats auch die Institution eines sogenannten permanenten Verfassungsrats.[4]

Je weiter man diese Gedanken spinnt, desto weiter entfernt man sich natürlich von den politischen Verhältnissen der Gegenwart. Eine politische Assoziationsfreiheit, die nur in einem neokratisch reformierten Staat realisierbar wäre, ist für die Politik der Gegenwart in der Tat wenig relevant. Womöglich setzt die Einlassung auf die erweiterte politische Assoziationsfreiheit sogar einen Entwicklungsstand

---

[3]Dieser Prozess ließe im Übrigen auch die jederzeitige Rückentwicklung zum herkömmlichen Demokratiemodell zu. Dieses herkömmliche Modell ist letztlich nichts anderes als ein neokratischer Spartenstaat, in dem die Anzahl der Staatssparten eins ist.

[4]S. hierzu Wehner (1993).
Eine Kurzfassung ist verfügbar unter http://www.reformforum-neopolis.de/files/der_staat_auf_bewaehrung_gekuerzte_neufassung_2001.pdf. Zugegriffen: 30.06.2018.
S. hierzu auch den Verfassungsentwurf unter http://www.neokratieverfassung.de/. Zugegriffen: 30.06.2018.

voraus, von dem auch traditionsreiche Demokratien noch weit entfernt sind. Dennoch wird mit dieser Freiheit letztlich nur die „kleine", die sogenannte einfache politische Assoziationsfreiheit zu Ende gedacht, die schon in der Gegenwart sinngemäß praktiziert werden könnte. So gesehen könnten letztlich doch schon unvermutet kleine Schritte zu ersten Anfängen einer erweiterten politischen Assoziationsfreiheit hinführen.

Zu einer neuen Staatskunst

9

Die Neuordnung von Staatszugehörigkeiten und Staatsgrenzen ist eine nie endende politische Aufgabe, und sie würde es auch in einer weitestgehend befriedeten Welt bleiben. Daher ist die politische Assoziationsfreiheit auch weit mehr als ein Konzept zur Lösung und Vermeidung militanter Konflikte um Staatsgrenzen. In ihrer erweiterten Form schafft sie darüber hinaus den Rahmen für eine neue hohe Staatskunst: die Kunst, die politische Landkarte permanent und auf mehreren Ebenen den Bedürfnissen der Bürger anzupassen, und die nicht minder hohe Kunst, die Staatsordnung diesem Erfordernis entsprechend ständig weiterzuentwickeln.

Mit der Entfaltung dieser neuen Staatskunst würden sich für Politiker und Bürger neue große Gestaltungsaufgaben stellen. Allein die Bereinigung der politischen Landkarte von noch bestehenden Altlasten dürfte eine Jahrhundertaufgabe sein, auch wenn sie nur im Rahmen der einfachen politischen Assoziationsfreiheit realisiert würde. Parallel dazu würden sich aber ständig neue Herausforderungen auf diesem Gebiet ergeben. Mit dem Wandel der äußeren Bedrohungen, der ökonomischen Verflechtungen, des politischen Solidarempfindens, des Migrationsdrucks und des Gefälles der politischen Zivilisierung werden sich auch die Bedürfnisse nach politischer Zusammengehörigkeit unablässig wandeln, und daraus werden sich immer neue Bedürfnisse nach Korrekturen der politischen Landkarten ergeben. Ohne eine hoch entwickelte, letztlich also doch die erweiterte politische Assoziationsfreiheit werden diese Herausforderungen allenfalls rudimentär zu meistern sein.

Man sollte aber nicht aus dem Blick verlieren, wie grundlegend und möglicherweise verstörend diese Freiheit die politischen Prozesse verändern würde. Dies lässt sich schon an einem sehr simplen Beispiel ermessen. Was z. B. würde geschehen, wenn die Schotten irgendwann mehrheitlich für eine Unabhängigkeit votierten, von der die Sicherheits- und die Währungspolitik ausgenommen

B. Wehner, *Die politische Logik der Sezession*, essentials,
https://doi.org/10.1007/978-3-658-23177-4_9

wären? Wenn sie darauf verzichteten, für diese Bereiche eigene politische und administrative Instanzen zu schaffen, eine eigene Zentralbank also, ein eigenes Ministerium und nachgeordnete Behörden? Und wenn sie sich für künftige Entscheidungen zur Währungs- und Verteidigungspolitik mit einem Mitbestimmungsrecht im britischen Parlament begnügen wollten? Würde dies das politische Vorstellungsvermögen hoffnungslos überfordern, oder würde es die Chancen auf einen politischen Konsens in Sachen Unabhängigkeit erhöhen? Würde dadurch in absehbarer Zukunft eine Einigung auf eine entsprechende Teil-Sezession möglich?

Gänzlich auszuschließen wäre dies nicht. Die emotional gewichtigsten separatistischen Anliegen könnten mit einer solchen partiellen Sezession erfüllt sein. Zugleich wäre das Angebot, die Einheit Großbritanniens im Bereich der Landesverteidigung zu bewahren, ein wichtiges Vertrauenssignal. Das Signal nämlich: Wir Schotten haben nichts im Sinn, wofür wir eigene Streitkräfte benötigten, und zugleich das Signal: Wir vertrauen darauf, dass ihr Briten nichts Derartiges gegen uns im Sinn habt. Nur wo solches Vertrauen herrschte, wären die Möglichkeiten der erweiterten politischen Assoziationsfreiheit vollständig ausschöpfbar.

Wenn einmal eine Teilsezession dieser Art gelänge, könnte dies zu einer Wegweisung für viele bestehende und künftige Konflikte werden. Manche Staaten verweigern Sezessionen vor allem deswegen, weil sie fürchten, auf dem Sezessionsgebiet könnte ein neuer Staat sich zum unliebsamen Konkurrenten oder gar Gegner entwickeln. Sie wollen daher lieber die Last einer aufrührerischen Region auf ihrem Territorium weiter tragen, so konfliktreich dies auch sein mag. Das Motiv für die Verweigerung der Sezession ist in solchen Fällen Angst und Misstrauen. Bei einer Sezession, von der zumindest die Landesverteidigung ausgenommen ist, würde dieses Motiv weitgehend entfallen. In eine solche Teil-Sezession könnte der betreffende Staat viel leichter in nüchterner Interessenabwägung einwilligen.

Sicher könnten nicht alle separatistischen Konflikte dieser Welt nach diesem vergleichsweise einfachen Muster gelöst werden. Das Beispiel lässt aber erahnen, welches immense Konfliktlösungspotenzial sich mit der erweiterten politischen Assoziationsfreiheit auftäte.

Politische Assoziationsfreiheit, Migrationspolitik und direkte Demokratie

10

Die hier vorgeschlagenen Regeln der politischen Assoziationsfreiheit würden die Fragen der Staatsgrenzen und Staatszugehörigkeit direkt in die Hand der Bürger legen. Dieses Verfahren würde Staatsgrenzen zwar die denkbar höchste demokratische Legitimation verschaffen, aber es stieße trotzdem auf denkbar starke Vorbehalte. Dass ausgerechnet in Fragen der Staatszugehörigkeit und der Staatsgrenzen konsequent die direkte Demokratie praktiziert werden sollte, setzt die politische Assoziationsfreiheit all jenen Einwänden aus, die schon immer gegen die direkte Demokratie vorgebracht wurden.

Es gibt in der Tat gute Argumente dafür, die Bürger über möglichst weniges direkt entscheiden zu lassen. All diese Argumente stützen sich letztlich auf ein und dieselbe Annahme: dass die Bürger mit direkten Entscheidungen in politischen Sachfragen überfordert sind; dass daher gewählte politische Repräsentanten kompetenter entscheiden als Wähler.

Dass gewählte Mandatsträger höhere politische Kompetenz entwickeln als die meisten Bürger, ist kaum zu bestreiten. Zwar sind auch Politiker angesichts immer komplexer werdender Problemstellungen zunehmend überfordert, aber es würde natürlich nichts helfen, politische Entscheidungen statt von überforderten Repräsentanten von mindestens ebenso überforderten Bürgern treffen zu lassen. Darüber sind sich offenbar auch die Bürger selbst im Klaren. Sonst hätten sie längst versucht, sich viel weiterreichende direktdemokratische Entscheidungsrechte zu erstreiten.

Trotzdem sind die Verfahren der repräsentativen Demokratie umstrittener denn je. Der Grund hierfür liegt auf der Hand. Auch wenn die meisten Bürger gewählte Repräsentanten für kompetenter halten als sich selbst, bleibt ihnen doch deren wachsende Überforderung nicht ganz verborgen. Dadurch gerät auch das Vertrauen in die repräsentative Demokratie zunehmend ins Wanken. Wo aber der Glanz der repräsentativen Demokratie verblasst, liegt es nahe, doch auch direktdemokratische

© Springer Fachmedien Wiesbaden GmbH, ein Teil von Springer Nature 2019
B. Wehner, *Die politische Logik der Sezession*, essentials,
https://doi.org/10.1007/978-3-658-23177-4_10

Verfahren in neuen Anwendungen zumindest erproben zu wollen. Dies verleiht der Frage, wo die direkte Demokratie den Bürgern doch größeren Nutzen versprechen könnte als die repräsentative, neue Aktualität und Brisanz.

Die Fragen, bei denen genau dies zu erwarten ist, sind die Fragen des *Wer-mit-Wem* und des *Wer-Was-mit-Wem* in Sachen Staatszugehörigkeit. Die Fragen also der einfachen bzw. erweiterten politischen Assoziationsfreiheit. Kaum ein Bürger käme auf die Idee, gewählte Mandatsträger wüssten besser als er selbst, mit wem er die Staatsbürgerschaft würde teilen wollen. Kaum ein Bürger käme auch auf den Gedanken, er sei mit einer solchen Entscheidung überfordert.

Im *Wer-mit-Wem* und *Wer-Was-mit-Wem* in Sachen Staatsbürgerschaft ist daher das plebiszitäre Verfahren gegenüber denen der repräsentativen Demokratie so klar im Vorteil wie nirgendwo sonst. Dies dürfte auch dem intuitiven Verständnis entsprechen. So war es weitgehend unstrittig, dass z. B. über die Unabhängigkeitsbestrebungen Quebecs und Schottlands und auch über die EU-Mitgliedschaft Großbritanniens nicht Mandatsträger, sondern die Bürger selbst entscheiden sollten. Dass dagegen Spanien den Katalanen 2017 ein Unabhängigkeitsreferendum verwehrte, zeigt, dass dort das politische Bewusstsein noch weit tiefer in der Vergangenheit befangen war.

Die Auseinandersetzung darüber, ob und wofür Volksabstimmungen ein überlegenes politisches Entscheidungsverfahren sind, ist Jahrtausende alt, und in der Zeit der modernen Demokratie hat dabei die direkte Demokratie kaum an Boden gewonnen. Anfänglich spielte dabei eine Rolle, dass Volksabstimmungen in großen Staaten schwer zu organisieren waren, aber gegen die direkte Demokratie gibt es natürlich auch entscheidungslogische Einwände. Ein wichtiger Einwand besagt, dass Volksabstimmungen momentane apodiktische Ja/Nein-Entscheidungen hervorbringen, wo es immer dringender eines fortlaufenden gesetzgeberischen Gestaltungsprozesses bedarf. Noch schwerer dürfte der Einwand wiegen, dass immer weniger politische Entscheidungen in ihren Auswirkungen für politische Laien noch überschaubar sind. Zu bedenken ist auch, dass Volksabstimmungen umso schwerer Legitimität stiften, je divergierender die betreffenden Interessen der Bevölkerung sind. Hohe Interessendivergenzen schaffen Konflikte, die von repräsentativen Instanzen besser moderiert werden können als durch apodiktische Bürgerentscheide.

Diese Einwände scheinen nahezulegen, die Demokratie solle sich immer mehr in Richtung einer Expertenherrschaft entwickeln, und das könne sie nur in Form einer repräsentativen Demokratie tun. Die richtige Schlussfolgerung wäre aber eine ganz andere. Richtig wäre es, Bürgernähe und fachliche Kompetenz in der Politik auf neue Weise miteinander zu kombinieren. Es müsste immer sorgfältiger zwischen den Politikbereichen unterschieden werden, in denen eine direkte

Legitimierung politischer Entscheidungen geboten ist, und anderen, in denen Entscheidungen in die Hände immer höher spezialisierter Experten zu legen wären. Genau dieser Anforderung würde eine Verbindung von direkter Demokratie in Angelegenheiten der politischen Assoziationsfreiheit und von neokratischer Expertokratie in allen anderen Politikbereichen gerecht. Dabei müsste allerdings auch dem Einwand Rechnung getragen werden, eine Expertokratie könne sich zu weit von den Bürgerinteressen entfernen. Hierbei könnten die im Neokratiekonzept vorgesehenen Laienparlamente in Verbindung mit Losverfahren für die Auswahl von Mandatsträgern eine entscheidende Rolle spielen.[1]

Hieraus ergibt sich, dass die direkte Demokratie zunächst überall dort zu praktizieren wäre, wo es um die Veränderung von Staatsgrenzen geht. Um Fragen des *Wer-mit-Wem* in Sachen Staatszugehörigkeit geht es aber noch in mindestens einem weiteren Politikfeld, nämlich der Einwanderungspolitik. Wenn über Staatsgrenzen in Volksabstimmungen zu entscheiden ist, sollte dies daher konsequenterweise auch für die Einwanderungspolitik gelten. Auch in diesem Politikfeld wäre demnach die direkte Demokratie zu praktizieren und die Entscheidungsbefugnis repräsentativer Organe entsprechend einzuschränken.

---

[1]S. hierzu insbesondere http://www.neokratieverfassung.de. Zugegriffen: 30.06.2018. Im dort vorgestellten Staatsordnungsmodell spielen das Losverfahren und Laienparlamente eine zentrale Rolle.

S. hierzu auch Wehner (1995), Kap. 6, Wehner (2006) und http://www.reformforum-neopolis.de/reformforum/demokratie/-politische-ordnung.html. Zugegriffen: 30.06.2018.

Kurzanleitung zur friedlichen Sezession – zum Beispiel Katalonien

11

Die Separatisten dieser Welt wollen nicht darauf warten, dass ihnen irgendwann ein anerkanntes Regelwerk zur politischen Assoziationsfreiheit geordnetere Wege weist. Sie sollten es auch nicht. Sie sollten in ihrem Ringen um Sezession aber zumindest in Verfahrensfragen immer auch ungewohntes Neues erproben.

Die bisherige Geschichte des Separatismus hat wenige solche Neuerungen hervorgebracht, und dies gilt auch für die jüngsten separatistischen Projekte. Auch die jüngsten katalanischen Unabhängigkeitsbestrebungen haben vorerst nur in einen unversöhnlichen Konflikt mit dem spanischen Staat geführt, in dem keine der Parteien größeren Innovationswillen gezeigt hätte. Die Separatisten betrieben ihr Anliegen ebenso laienhaft wie leidenschaftlich, und nicht anders reagierte der spanische Staat. Für beide ging es nur um die Frage: die volle Unabhängigkeit sofort, ja oder nein.

Natürlich standen dort auf beiden Seiten keine Sezessionsexperten. In Katalonien war das Sezessionsvorhaben eher spontaner Eigendynamik als einem wohlüberlegten Plan gefolgt. Die Separatisten hatten sich dabei sogar zu der Hoffnung hinreißen lassen, die EU würde sie in ihrem Anliegen unterstützen. Allein darin erwies sich ihre zwar sympathische, aber doch auch erschütternde politische Naivität. Nichts war in dieser Lage illusionärer als die Hoffnung, eine Organisation wie die EU könne sich zum Vorreiter separatistischer Anliegen machen.

Was aber haben die katalanischen Sezessionisten konkret versäumt? Allgemeiner gefragt: Welche Fragen könnten fortschrittlichere Separatisten sich in diesen Zeiten stellen, um ein Sezessionsprojekt auf einen besseren Weg zu bringen?

Zunächst einmal sollten sie sich die Sezessionsfrage nicht von vornherein als einfache Ja/Nein-Frage stellen. Sie sollten sich vielmehr fragen: Was ist das politisch Trennende, das uns nach einer Sezession streben lässt, und welches politische Verbindende könnte eventuell erhalten bleiben? In welchen Politikbereichen wollen wir am dringendsten unabhängig werden?

© Springer Fachmedien Wiesbaden GmbH, ein Teil von Springer Nature 2019
B. Wehner, *Die politische Logik der Sezession,* essentials,
https://doi.org/10.1007/978-3-658-23177-4_11

Sobald sich hierauf Antworten abzeichnen, sollte aber weitergefragt werden: Was ist der richtige Zeitpunkt? Wann, wie schnell und in welchen Schritten soll die Sezession vollzogen werden? Und dann genauer: Wann und wie soll dies in welchem Politikbereich geschehen? Wann und wie wollen wir ggf. den gemeinsamen Sozialstaat entflechten, die gemeinsamen Streitkräfte, die gemeinsame Mitgliedschaft in suprastaatlichen Institutionen? Wie lange noch sollen wir welche gemeinsamen Symbole und welche gemeinsamen Identifikationsinstanzen teilen, z. B. gemeinsame Nationalmannschaften und die gemeinsame repräsentative Monarchie? Es wäre ein Wunder, wenn die wohlüberlegte Antwort auf all diese Fragen die gleiche wäre. Wenn also der geeignetste Zeitpunkt und das geeignetste Verfahren in allen Politikbereichen die gleichen wären.

Aus dem Konzept der politischen Assoziationsfreiheit ergibt sich, dass Sezessionen in mehreren, nach Politikbereichen getrennten Schritten vollzogen werden könnten und sollten. In einem solchen Prozess läge es natürlich nahe, nicht etwa mit den schwierigsten und konfliktträchtigsten Schritten zu beginnen. Am Anfang eines mehrstufigen Sezessionsprozesses könnten Maßnahmen stehen, die weder größere institutionelle Veränderungen erfordern noch nennenswerte Verteilungskonflikte heraufbeschwören. Dies gelänge am besten, wenn die Trennung zuerst auf symbolischer Ebene vollzogen würde. So könnten Separatisten damit beginnen, auf ihrem Territorium den Gebrauch bisheriger gemeinsamer Staatssymbole wie Flaggen und Hymnen einzustellen und eigene Symbole an deren Stelle zu setzen.

Weitere Schritte könnten dann in der Identifikationspolitik folgen. Sezessionswillige Bürger könnten beschließen, sich im Sport nicht mehr von Teams des gemeinsamen Staates vertreten zu lassen und dazu aufrufen, in solchen Teams nicht mehr mitzuwirken, und sie könnten in internationalen Sportorganisationen für die Anerkennung eigener nationaler Teams werben. Hierbei könnten sie sich im Fußballbereich auf Präzedenzfälle wie Schottland, Wales und Nordirland berufen. Eine Anerkennung katalanischer Nationalteams wäre daher kein Novum, das Unordnung in die Welt des internationalen Sports brächte. Solche auf den Sport beschränkten Teilsezessionen könnten auf lange Sicht zu Türöffnern für weitere Sezessionsschritte werden.

Wenn Sezessionsprojekte auf einer so niedrigen Ebene ihren Anfang nähmen, würde dies auch die separatistische Willensbildung wesentlich erleichtern. Diese könnte im Lauf eines schrittweisen Sezessionsprozesses ihrerseits schrittweise reifen. Mit jedem Sezessionsschritt würden die Bürger sich klarer darüber werden, wie weit sie mit der Sezession am Ende tatsächlich gehen wollen. Sie würden auch zunehmend klarer sehen, ob die Sezession für sie eher ein Vernunftprojekt ist, ob es ihnen also vor allem um mehr Wohlstand und mehr Sicherheit geht, oder ob die Sezession vor allem ein emotionales Anliegen ist. Im letzteren

Fall könnten mit eigenen Staatssymbolen und eigenen Identifikationsinstanzen schon entscheidende Ziele erreicht sein.

Eine Identifikationsinstanz, die neben dem Sport eine wichtige Rolle im frühen Sezessionsprozess spielen könnte, sind repräsentative Monarchen. Diese können für den Zusammenhalt von Staaten sehr unterschiedliche Bedeutungen haben. Sie können das letzte und einzige einigende Band sein, dass den politischen Zusammengehörigkeitswillen eines Staatsvolks noch erhält, aber auch das Gegenteil kann der Fall sein. Repräsentative Monarchen können für Teile der Bevölkerung die höchsten Repräsentanten eben jener missliebigen Mehrheit sein, mit der sie die Staatszugehörigkeit nur zwangsweise teilen. In solchen Fällen könnten Separatisten die Loslösung von der repräsentativen Monarchie ganz an den Anfang ihrer Agenda stellen. Sie könnten den Sezessionsprozess mit einem informellen Referendum darüber beginnen wollen, ob die Bürger den repräsentativen Monarchen in ihrer Region noch als den ihren erachten.

Auch für solche separatistischen Initiativen gäbe es natürlich passende und weniger passende historische Momente. In Katalonien könnte ein passender Moment gewesen sein, als König Felipe Ende 2017 der katalanischen Sezessionsbewegung jegliche Legitimität absprach und damit mutmaßlich zum harten Durchgreifen der spanischen Polizei und Justiz anstiftete. Hierauf hätten die Katalanen z. B. mit einem kollektiven *Unser König bist du nicht* antworten können, und zugleich hätten sie Schritte einleiten können, um die sportpolitische Sezession vorerst informell voranzutreiben. Damit hätten sie das starke Signal gesetzt: Wir sind ebenso entschlossen wie ihr, aber in der Wahl der Mittel sind wir die Zivilisierteren. Aus einer solchen starken und moralisch überlegenen Position hätten sie dann nach und nach um konkrete Stufen der Unabhängigkeit ringen können. Ein solches Vorgehen wäre beispielgebend für einen Separatismus, der sich über das zivilisatorische Niveau seiner Verweigerer erhebt.

Was Sie aus diesem *essential* mitnehmen können

- Herrschende Dogmen und Völkerrechtsnormen zum Umgang mit Staatsgrenzen haben Freiheiten eingeschränkt, Frieden verhindert und die politische Sinnstiftung gehemmt.
- Wenige kleine, aber mutige Regeländerungen könnten aus diesem weltpolitischen Drama herausführen. Sie könnten einen schleichenden Weltkrieg um Staatszugehörigkeiten beenden, inner- und zwischenstaatlichen Konflikten weltweit vorbeugen und neue sinnstiftende Politikerlebnisse möglich machen.
- Diese neuen Regeln ließen sich in einfacher Form als Grundrechte und Organisationsnormen in bestehende Verfassungen und internationale Verträge einfügen.
- Höher entwickelte Varianten dieser Regeln weisen über den bisherigen Entwicklungsstand demokratischer Staatsordnungen weit hinaus.
- So einfach und plausibel die Regeländerungen wären, so mühevoll wäre der damit verbundene Bewusstseinswandel. Es ist eine Jahrhundertaufgabe.

© Springer Fachmedien Wiesbaden GmbH, ein Teil von Springer Nature 2019
B. Wehner, *Die politische Logik der Sezession,* essentials,
https://doi.org/10.1007/978-3-658-23177-4

Literatur

Bildt, Carl. 2014. *Es geht um viel mehr als die Krim.* Frankfurter Allgemeine Zeitung Nr. 155/2014.

Dahrendorf, Ralf. 1989. *Nur Menschen haben Rechte. Das Selbstbestimmungsrecht der Völker ist ein barbarisches Instrument.* Die Zeit Nr. 18/1989.

Dietrich, Frank. 2010. *Sezession und Demokratie. Eine philosophische Untersuchung.* Berlin: Walter de Gruyter.

Wehner, Burkhard. 1991a. *Die Katastrophen der Demokratie. Über die notwendige Neuordnung der politischen Verfahren.* Darmstadt: Wissenschaftliche Buchgesellschaft.

Wehner, Burkhard. 1992. *Nationalstaat, Solidarstaat, Effizienzstaat. Neue Staatsgrenzen für neue Staatstypen.* Darmstadt: Wissenschaftliche Buchgesellschaft.

Wehner, Burkhard. 1993. *Der Staat auf Bewährung. Über den Umgang mit einer erstarrten politischen Ordnung.* Darmstadt: Wissenschaftliche Buchgesellschaft.

Wehner, Burkhard. 1995. *Die Logik der Politik und das Elend der Ökonomie. Grundelemente einer neuen Staats- und Gesellschaftstheorie.* Darmstadt: Wissenschaftliche Buchgesellschaft. (Darin Kapitel 6: Die *Logik der Bürgerbeteiligung,* Kapitel 9: *Die Logik der zwischenstaatlichen Beziehungen,* und Kapitel 11: *Die Logik der Finanzpolitik.*)

Wehner, Burkhard. 1999. *Prämierung des Friedens. Alternativen zum „humanitären" Krieg.* Darmstadt: Westdeutscher Verlag.

Wehner, Burkhard. 2001. *Die andere Demokratie. Zwischen Utopie und reformerischem Stückwerk.* Wiesbaden: Deutscher Universitätsverlag.

Wehner, Burkhard. 2006. *Von der Demokratie zur Neokratie. Evolution des Staates, Revolution des Denkens.* Hamburg: Merus.

Wellmann, Christopher H. 2005. *A Theory of Secession: The Case for Political Self-Determination.* Cambridge: Cambridge University Press.

© Springer Fachmedien Wiesbaden GmbH, ein Teil von Springer Nature 2019
B. Wehner, *Die politische Logik der Sezession,* essentials,
https://doi.org/10.1007/978-3-658-23177-4

Printed in the United States
By Bookmasters